极简生活

简单生活的行动指南

孙坚　韩博　杨波——著

中国纺织出版社有限公司

内 容 提 要

在物质充盈的今天，我们拥有太多的物品，抽屉和衣柜是满的，储藏室里没有空隙，我们厌烦于清理和整理，因物品耗费时间和金钱，也因物品忘记了真正的需求。在这样的处境之下，我们需要借助极简生活的方式，摆脱物品的束缚，重新认识生活的本质，厘清自己的内心，破除执念。当我们不再用物品填补欲望，不再担心错过什么，不再害怕放手时，才能够从琐碎的、廉价的、无用的、消耗心力的关系中解脱出来，集中精力去做真正想做的、有价值的事情。

本书从物质、生活、工作、社交、沟通、信息等多个方面，引领读者思考和明确对自己而言真正重要的东西，用简单的方法处理复杂的问题，抛除生命中牵扯精力和时间又不必要的事物，用更少的物品过更好的生活。

图书在版编目（CIP）数据

极简生活：简单生活的行动指南／孙坚，韩博，杨波著．--北京：中国纺织出版社有限公司，2023.1

ISBN 978-7-5229-0144-2

Ⅰ．①极… Ⅱ．①孙… ②韩… ③杨… Ⅲ．①生活方式—通俗读物 Ⅳ．①C913.3-49

中国版本图书馆CIP数据核字（2022）第235128号

策划编辑：郝珊珊　　责任校对：高　涵　　责任印制：储志伟

中国纺织出版社有限公司出版发行

地址：北京朝阳区百子湾东里 A407 号楼　邮政编码：100124

销售电话：010—67004422　传真：010—87155801

http：//www.c-textilep.com

中国纺织出版社天猫旗舰店

官方微博http：//weibo.com/2119887771

天津千鹤文化传播有限公司印刷　各地新华书店经销

2023年1月第1版第1次印刷

开本：889×1230　1/32　印张：7.25

字数：184千字　定价：55.00元

序言

说起极简，你可能会联想到空无一物的房间，还可能会联想到清理物品的行为。

没错，极简生活需要断舍离，也意味着消除不必要的东西，为身心和生活创造更多的时间与空间。然而，实现极简生活的过程并不只是单纯地“扔扔扔”，更不是极力地减少物品的数量，只满足视觉上的简洁，忽略自身的真实需求，回到节衣缩食的原始的、清贫的状态，过着“苦行僧”一样的日子。

事物总有临界点，过犹不及，一味地减少物品，就会成为生活的障碍而不是助力。那种全部家当少到一个背包就可以装下的日子，并不是谁都想过且能过的——至少我不想。我从未要求自己只能拥有100件以内的物品，也不曾强迫自己必须要绿色出行，更没有设定过一年之内不买衣服的规则……即便如此，我仍然是极简生活的拥护者与践行者。

生活不是非黑即白的，极简也不是一场竞争，比谁持有更少的物品。物品从来都不是极简的焦点，我们只是借由物品这一载体，思考和判断对自己而言什么才是真正重要且需要的东西。人与物品的关系，其实就是人与自己的关系。践行断舍离的过程，就是为自己设定界限的过程：在物品的数量上设定界限，在可用空间的大小上设定界限，在钱的用途和数目上设定界限，在自己的义务和原则上设定界限，在想要和不想要之间设定界限！

当我们的内心有了界限，就掌握了生活的主动权：不再为烦冗的、无用的东西浪费时间，不再为无效的社交和糟糕的关系消耗自己，与无限制的欲望保持距离，把精力留给重要的事，把时间和空间腾出来享受生活，与能够相互滋养的人建立持久的关系。

极简生活，本质上是剔除不必要和不重要的东西，腾出时间、空间和精力留给对个人而言最重要的事物。从这个角度来说，极简生活对每个人都是不一样的，它是一种目标和趋向，而不是一把固定的标尺，每个人都可以量身定制属于自己的极简方式，我们只需要把握两条最重要的原则即可：一是定义对自己而言最重要的事，二是专注于对自己而言最重要的事。

在这个物质充盈的时代，如果你感觉自己总是被购买的欲望包裹，而从未思考过物品的价值是什么；如果你经常耗费大量的精力整理杂乱的房间，而从未想过精简杂物；如果你总是被各种琐事缠绕，而从未专注过发自内心想做的事情……那么，我真心建议你体验一下极简生活，把一切无价值的东西清理出去，让有用的东西装点有价值的空间。当空间不再被物品占据，内心不再被欲望驱使，把目光和思想从物质转移至内心，发现自己真正的需求时，你会更容易感受到平静和满足，也会感受到简洁而富有效率的处事模式带来的从容。

这本小小的手册，为渴望体验极简生活的朋友提供了一些实用的日常建议。尽管每一章限定了一个主题，但不一定非得严格按照章节的顺序来阅读，每一个小节都可以作为碎片化阅读的素材，随便翻开一篇都能获得一个极简生活的贴士。

极简是一种生活态度，但不是所有人都适合这种生活方式。如果你在体验过后，发现极简并不适合你，那么你依然可以按照自己感觉更舒服的方式去生活；同样，如果你发现经历了断舍离之后，生活变得更有品质了，也不必要求身边的人都减少物品度日。

世界丰富多彩，人各有不同，尊重自己的选择，也尊重他人的选择。极简只是一种途径，并非最终的目标，每个人都有权利选择自己喜欢的生活方式。在我看来，人生偶尔需要“清零”和“放空”，断舍离为我们提供了一个摆脱外物裹挟、明晰自身需求、识别人生要事的机会，减少为无价值的人、事、物所消耗的时间和空间，为热爱的一切让步。

无论你是否决意以极简的方式过一生，都不妨碍以此为契机，去了解自我、掌控人生，在无数种可选择的生活方式中，拥抱属于你的那份惬意与自由。

目录

PART 5 149 | 社交极简

放弃无用的社交，远离消耗你的人

PART 6 173 | 沟通极简

聚焦有效的沟通，少做无谓的争辩

PART 1

物质极简

扔掉看得见的东西，改变
看不见的世界

我愿意深深地扎入生活，吮尽生活的骨髓，过得扎实，简单，把一切不属于生活的内容剔除得干净利落。

—— **梭罗**

你占有物品时，物品也在占有你

生活精彩与否，不在于拥有多少物品，
而在于拥有多少让自己愉悦的时间。

小时候家里的生活条件不太好，物质方面比较匮乏。终于熬到了长大，有了一定的经济能力，开始弥补过去的欠缺，不断地为自己的小家添置物品，总觉得这是对自己的犒劳与善待。买的那一刻很满足，但问题也开始逐渐暴露：有限的生活空间变得日益狭小，四处都堆满了东西，偶尔一两天没收拾，乱得连下脚的地方都没有了。

每次逛街都控制不住地买衣服，家里的两个衣橱都被塞满了，即便如此，每个工作日的早上，还是不知道穿哪一件合适。搭配了一套又一套，怎么看都觉得不满意。直至出门的时间点临近，才不得不放弃搭配，随意选一套出门，路上却依旧为这件事闹心，寻思着是不是还要添置两件衣服，来缓解“无衣可穿”的困境。

办公桌上堆积了大量的资料和文件，还有近期入手的杯子、台历。每天正式工作之前，都要花点儿时间去整理，有时甚至为了找一份重要的合同翻半天，核实到底哪一个才是自己需要的，生怕弄错了。

……

上述的生活场景，是否让你产生了似曾相识之感？

有没有意识到，生活中的琐碎事物，对人的精力耗损巨大？

美国心理学家鲍迈斯特提出过一个“自我损耗”理论：尽管你什么都没做，但是每一次选择、纠结、焦虑、分散精力，都是在损耗你的心理能量；每消耗一点心理能量，你的执行能力和意志力都会下降。逛街买东西要挑选，衣服多了要选择，选择就要做决策，做决策就要消耗精力；物品多了需要整理，整理所耗费的时间和精力，与物品的数量成正比。

看到这里，也就不难理解为什么越来越多的人开始崇尚极简生活了。从自我耗损的层面来说，拥有物品并不是一件好事，我们在占有物品的同时，物品也在占有我们。

每个人一天所拥有的时间只有24小时，而每天的精力黄金时段只有几小时，所居住的空间更不可能无限制地囤放物品。当有限的时间、精力和空间被不重要的东西侵占，剩下的能够让自己支配的就少得可怜，而那些真正需要的、重要的东西也总是被埋没。

物品的存在，应是为了提高生活的品质，这是“本”；因过多的物品，耗费掉了本可以用来享受生活的机会，这是

“末”。“舍本逐末”地选择，得不偿失。

我们没有办法拉长时间，也没有能力让自己变成精力无限的“超人”，但我们可以选择做一件事：精简不必要的物品，把时间和精力留给重要的人和事。

为什么扎克伯格的衣橱里只挂着数件同款式的浅灰色T恤和深灰色连帽衫，再无其他衣物？就是因为在需要的时候，随便拿一件就行了，不用纠结。扎克伯格自己是这样说的：“我每天早上起来，都有超过十亿人在等着我服务，我不想把时间浪费在那些无意义的事情上。在生活中，我总是尽量简单一些，少做选择。”

假如每天早上只需要5分钟时间，就可以解决上班穿什么的问题，就能节省15分钟做一套哑铃训练或唤醒瑜伽；假如办公桌上整洁有序，文件归类清晰，就可以把找东西的时间节省下来，集中回复客户的邮件；假如家里的物品减少一半，就可以把周末收拾它们的时间节省下来，好好地享受一个下午茶。

生活过得好不好与拥有多少物品不是对等的关系，减少物品和生活中无益的事情，从而腾出时间精力留给更有益的事情，我们会活得更从容，精神上也会更丰富。

房间的状态，折射着生活的状态

整理好你的房间，
就是修炼好你的内心。

走出家门的那一刻，多数人都会把自己收拾得光鲜亮丽。然而，门内的另一个世界，却未必都是井井有条的，人们的心情也未必和脸上的笑容一样晴朗。

在和朋友见面的前1小时，Lulu还置身在堆积如山的衣橱里，翻找着一身叫作“好看”的衣服。那些在试穿之后被否定的衣物，随意地堆放在床上，乱成一团。

临出门的前10分钟，Lulu发现车钥匙不见了。她在房间里着急忙慌地找钥匙：明明记得就放在门厅柜上了，怎么不见了？急得出了一脑门汗，最后她在昨天穿过的上衣兜里，发现了钥匙，而后长舒一口气，感叹有惊无险。

衣物很多，可选择却很少；房间很大，却找不到下脚的地方；东西胡乱堆放，经常找不到需要的东西……这就是Lulu，一个外表精致的女孩在现实中的生活写照。

Lulu是一家外贸公司的专员，公司位于市中心，而她住得又比较远，每天通勤路上就要花费2小时，还不算早起洗漱、化妆、打扮的时间。每周5天的工作日，Lulu的家基本上就是一个睡觉的地方，早出晚归，完全没时间收拾。

好不容易熬到了周末，为了放松一下，Lulu又会给自己安排各种娱乐社交活动，约同事逛街，和朋友会面，抑或是参加社团活动。她似乎一刻都不想在家待着，习惯去找一些事情把自己搞得很忙，让自己的外出显得合情合理。

偶然的一次，Lulu与我谈起她的感情生活。原来，2年前她和男友分手了，两个人交往了6年，原本都有了结婚的打算，没想到因为对方家庭的原因，还是分道扬镳了。虽然是和平分手，好聚好散，没有太多的怨怼情绪，可生活方式还是发生了巨大的改变。

原来，日子是两个人的，无论是吵吵闹闹，还是嬉笑打闹，总是有一个人陪在身边。在家下厨也好，出门吃饭也罢，总不至于形单影只。两千多个日日夜夜，Lulu早已经把对方当成了生活的一部分。忽然间，就只剩下了自己，她感到无所适从。

刚失恋那会儿，Lulu请了病假，在家里哭了一个星期。凌乱的房间，无序的作息，冰冷的锅灶，让她更觉得孤寂和难熬。为了逃避这一切，她开始频繁外出，不停地往人群里扎，为的就是躲开这份痛苦。时间久了，习惯成自然。

Lulu自己并没有觉察到，她之所以不喜欢待在家里，任由房间和物品凌乱着，都是因为她不知道该如何自处。作为朋友，在那次谈话中，我给Lulu提了一个小小的建议：周末留给自己3小时，认真地把小家规整一下，看看会有什么不一样。

要恢复内心的创伤，处理好与自己的关系，不是一件容易的事情，更不是通过整理一次房间就能够实现的。但是，在这个过程中至少会有一些反思，会有一些别样的感受。我们内在的那些积极信念，大都是通过一次又一次美好的体验内化而成的。

一个人所住的房间的状态，就是其生活状态的折射；如果内心是混乱的，生活也难有条理。整理房间、清除杂物的实

质，其实是梳理思绪，让自己的内心从混乱走向有序。

我们的生命状态，无时无刻不在和家里的空间、物品发生关联，发生能量的交流与交换。当我们把那些老旧的、无用的东西统统装进垃圾袋，让落满灰尘的书桌、窗台重新呈现光亮，把随意堆放的衣服挂上衣杆，烦躁积郁的心情也会感受到一丝平静与明朗。

缺失的安全感，无法靠囤积获得

极简不仅与物质有关，
也是对精神场域的清洁和整理。

格雷厄姆是纽约的一位科技新贵，坐拥豪宅名车，甚至有专门的买手帮他选购家具。可是，这种疯狂购物的日子没能持续多久，格雷厄姆就感到无趣和麻木了。当新奇的物品再也无法让格雷厄姆产生一丝一毫的兴奋感时，他开始扪心自问：我这是怎么了？为什么拥有了财富之后，我比过去更焦虑了？更让格雷厄姆痛苦的是，房子及其里面添置的各种物品，似乎正在一步步地“越位”，成为他的主人，格雷厄姆要耗费很多时间和心思去照顾它们。

看到格雷厄姆的经历时，你是否留意到他说了一句耐人寻味的话："为什么拥有了财富之后，我比过去更焦虑了？"我相信，这个问题不只是格雷厄姆一个人的困扰，它可能是很多人，也许就是当下的你和我，正在向自己发出的疑问。

在现代社会里，存在着一种意识形态：拥有足够多的物品，才能拥有足够的安全感。这样的想法有一定的道理：解决温饱的食物和水，能够保暖的衣物，可居住的房子（无论租或买），都是我们生存的必需品，也是马斯洛需求层次理论中最底层的需求——生理需求。可问题是，许多人已经满足了这些需求，但依然感到焦虑不安，这又是为什么呢？

真实的答案就是，把需求和欲望、安全、舒适混淆了。不少人拼命地奋斗，为的就是拥有丰厚的收入、可观的存款、宽敞的房子，以及更多的生活用品。仿佛获得了这一切，就能获得长久的安全感，甚至不惜牺牲正常的作息与业余生活。

拥有了这些，就能换来想要的安全感吗？

耶鲁大学的心理学教师玛格丽特·克拉克及其同事，通过两项调查和分析，得出一个结论：安全感来自物质财富与具有支持性的关系，但是为了得到安全感，人的心理也很容易失衡。

这番话的意思是指，人有保护自己的本能，会为自己争取生存的资源，这些东西组合起来，才会让人感到安全。如果对某种安全感的来源过分看重，就会不自觉地忽视其他的心理需求。那些在个人关系方面无法感受到安全感的人，通常会觉得拥有物质财富会让自己更有安全感；而有囤积物品习惯的人，往往也是因为相信这些东西可以给自己带来安全感。

让我们回到格雷厄姆的故事中，看看他是如何解决焦虑问题的：他卖掉了他的大房子，选择住在一间40平方米左右的屋子里，床可以折叠到墙上，餐桌是可伸缩的，他有6件白衬衫，10只浅碗……是的，他没有那么多的物品了，但他比以往过得都要舒适。

外在世界是内在世界的一面镜子，囤积外物往往是想填补内在的匮乏。很可惜，过分依赖金钱和物质去弥补安全感，是一个错误的方向和选择。真正的安全感，来自与他人建立亲密友爱的关系，来自对真实自我的接纳，也来自对眼下所拥有之物的欣赏与珍视。

试着从囤积中走出来吧，将你拥有的东西极简化，尊重真正的需求，和真实的自己相处，才能慢慢在心底里长出安全感，那是任何外物都无法击碎的“盔甲”。

极简生活不是扔到空无一物

极简生活不是非得保持只拥有 100 件物品，
更不是要把家里扔到空无一物。

日本主妇近藤麻理惠有一套经典的“怦然心动整理收纳法”：当你拿着这个东西时，能否有怦然心动的感觉，如果有，就留下来，没有，就处理掉。这套打造物质极简的整理法，拯救了无数杂乱的房间，网络上流传的对比图也着实令人震撼。

大概是受到这一理念的启发，我在刚尝试极简生活时，把“扔”当成了核心。

每隔一段时间，我会把家里彻底整理一番，将那些旧的衣物、鞋子、书籍，以及不喜欢的物品全部扔掉。然而，我在购物方面并没有太大的改善，无论是在线上还是在线下，我仍然会忍不住对那些“看起来还不错”“有点喜欢”的东西下手。

你应该能够猜得出，我掉进了一个“怪圈”：不停地扔，再不断地买，循环往复。结果就是，家里的物品只是以新换旧，并没有变少，而我的时间和精力，依然被那些源源不断涌进家门的新物品捆绑着。

像我一样靠扔东西来践行极简的人，在生活中并不少见。有些网友分享说，几乎都要把家“扔”空了，表面看起来是轻松宽敞了不少，可过后才发现，有些还需要用的东西，也一并被扔掉了，还得重新购买。所以说，“扔”无法解决所有的问题，也不是极简的核心。

我们需要认识到，物品的骤然减少，必然会给空间带来焕然一新的变化，甚至在一定程度上影响人的心情。然而，空无一物的房间，扔得干干净净的家，并不等同于极简生活，它只是在视觉上呈现了空旷与整洁，让人误以为自己已经开启了新的生活。

更何况，生活在这个琳琅满目的物质世界，“怦然心动”随时都可能发生，不仅仅是在抉择去留的那一刻。眼下是把拥有的物品清空了，可随后又会因为新的怦然心动而买来新的物品，再次把空间填满，而后再逐一决定去留，周而复始。

如果“扔”只是为“买”腾出空间，或是创造更充分的理由，就偏离了极简生活的本意。在“扔到家徒四壁——新的怦然心动——再重新购买”的循环之下，生活状态不会发生任何改变，我们只是在用简单粗暴的方式处理多余的物品而已。

阻断无用的东西进入自己的生活

断舍离，
从断绝不需要的物品开始。

极简生活需要“断舍离”，在断舍离中排在第一位的是“断”，何谓“断”呢？

真正的“断”，应当是断绝那些不需要的东西，不让它们进入自己的生活。如果不停止盲目添置物品的行为，再怎么扔，都只是以新物代替旧物，没有本质的区别。

我们不能指望用“扔”的方式改变生活，而是要从源头上解决问题。极简生活，不是盲目地扔出家徒四壁的表象，而是控制自己的购买欲，把无用的东西挡在家门之外。

如果购买一件物品只是出于想要（欲望），它没有实际的用途（价值），抑或是在生活中的使用频率较低，把它带回去的结果，无疑是束之高阁，任由它侵占家里的空间，而我们却要在未来的日子里，为这个没有太多实际用途的物品，消耗时间和精力去整理和收拾。当这样的物品一件接一件地被带回来，家里的空间就会越来越拥挤，越来越逼仄。

“断”的目的，正是让我们穿透种种表象，看清楚自己真正需要的是什么。

认清了需要和欲望，才能最大限度地绕开“扔—买—扔”的陷阱。在想要购买某样物品时反复思量，是否真的能够用到它？是否确保可以将其功效发挥到极致？

如果可以的话，每天晚上躺在床上时，进行一下复盘：支撑自己这一天生活的物品都有哪些？我尝试做过一周的复盘，不禁感到惊讶：其实，我们在日常生活中需要的且能够用到的东西，真的没有想象中那么多！简简单单，就可以过完一整天。

“断”不只是一种行为，更是一种思维。从某种意义上来说，当我们有勇气把不需要的、无价值的物品挡在家门之外时，也具备了阻止不适合的、不舒适的、不需要的人和事进入自己生活的能力。两者的相通之处在于，不轻易被欲望、外物和他人牵制，认真审视内心的需求，对陪伴自己的人和事精挑细选——且用、且行、且珍惜。

处理掉堆放在家里的闲置物品

让物品获得自由与新生的行为，
会变成一种积极乐观的动力，
你不仅没有真正失去它，反而从中获得了力量。

告别了盲目添置物品的习惯后，你可能会惊喜地发现：再看到许多新奇刺激的物品时，内心不会荡起巨大的涟漪了，因为有一个声音在提醒你思考，这是我需要的，还是我想要的？

不过，做到这一步，还仅仅是极简生活的开始。毕竟，还有一些必需的物品会被我们带回家，而也要为这些有价值的物品腾出空间，让它们一目了然，在使用的时候触手可及。这就意味着，我们要合理规划和使用有限的空间。

经济学中有一个著名的“二八法则”，即20%的人口掌握了80%的社会财富。这个原则的适用范围很广，在极简生活中也有借鉴意义，即具有实际价值且还在发挥作用的物品，只占所有物品的20%，我们80%的生活所需都是由这20%的物品提供的。

在物质资源极度丰富的今天，种类繁多的商品几乎到了过剩的地步，以至于大多数人的家中都存放着太多无用的东西。占有这些物品不仅没有为生活带来幸福感，反而无端地占据了我们大量的时间、空间和精力，让生活变得愈发琐碎和沉重。

山下英子说，不用的东西充满了咒语般束缚的能量。所以，我们要学会“舍”，将那些品质不好的、使用频次低的、不喜欢的、带来负能量的物品，统统舍弃，只保留或替换成“适合的、舒服的、需要的”东西。

昕芮买了一个两层的小书架，原本是想放在办公桌上来用的，可入手后才发现，这个安排并不理想，小书架占据了办公桌上1/3的空间。当她想再放置一个扩展屏时，办公桌明显不够用了。此时，她知道这个物品要被舍弃了，她需要的是一个容量大的、实用的书架。

在准备“舍”掉这个小书架时，昕芮脑子里忽然冒出了一个想法：要不要把它留下来当鞋架呢？其实，她已经有一个五层的鞋柜，非常好用。那一刻，昕芮就问自己：为什么会有这样的想法？思考过后，答案逐渐浮出——她认为这个书架还很新，舍弃有一点可惜。

当这个念头被意识化以后，昕芮松了一口气，告诉自己：这个东西不能放在办公桌上用了，做常规书架又太鸡肋，已然成了闲置的“无用之物”！于是，昕芮就给它拍了一张照片，发给在附近居住的表哥，问他需不需要这样一个小架子。

一天之后，表哥就把这个书架拉走了。再去表哥家的时候，昕芮发现，这个小架子被用来当作小花架了。当它以这样的形式出现在昕芮面前时，她觉得比把它放在自己家里闲置着更满足。换了一个主人后，它又变得有价值了。这种感觉，就像柳宗悦所言："器物因被使用而美，美则惹人喜爱，人因喜爱而更频繁使用，彼此温暖彼此相爱，一起共度每一天。"

在舍弃物品的时候，要以"我"作为判断的主体：我现在是否需要它？它现在是否适合我？继续持有它会消耗我多少额外的时间和精力？舍弃它能让我释放多少精神负担？物品终究是为人服务的，只有将"我"作为主体，才能从混乱和无序中解脱出来。

如果总考虑这件物品有没有用、能不能用，总是考虑在这件物品上花了多少钱，就是以物品为主体了。不管东西有多贵，多稀有，能够按照自己所需来判断物品的去留，既是一种勇气，也是一种智慧。舍弃生活中不重要的80%，剩下的20%会让我们收获更多。

丢弃物品这件事，不是谁都能做到

舍弃物品的过程，
往往要经历与内在自我对话的过程。

日本有一档综艺节目名叫《我家进行断舍离》，真实地展示了一个人的家究竟可以乱到什么地步。令人印象深刻的是一位居住在别墅里的老奶奶，她的家足足有12间屋子，却没有一处可以下脚的地方。每个房间都堆满了物品，卧室、地板、沙发、床上全都是衣服，厨房里连一个切菜的地方都腾不出来。这位老奶奶十分恋旧，且随着年龄的增长，对老物件的依恋愈发严重。女儿曾偷偷扔过屋里的东西，老奶奶震怒并要和女儿断绝往来。

扔东西，看似是一个很简单的行为，可对很多人来说，却很难做到。

对于不舍得丢弃物品的人，法国心理学家弗朗西斯科·维耶罗是这样解释的："对未来可能的匮乏感到忧心忡忡，大多是基于当事人曾经的真实经历，但也可能仅仅是从身边无意习得的思维惯性。比如，今天的我们多数都没有真的经历过饥饿，但还是有些人从父辈们身上习得了大量'生怕哪天再出事’的焦虑和危机感。”

妈妈有一个老旧的箱子，里面规规矩矩地叠放着一件外衣。两年前搬家时，我打开过一次，并询问过妈妈，那件衣服要怎么处理。妈妈不想扔掉，说打扫房子的时候，还可以当工作服用。然而，时隔两年后，再次打开那个箱子，被妈妈预留为工作服的衣服，仍然在原来的地方规规矩矩地放着。这也显示，妈妈在过去的两年里，应该没有碰过这个箱子，可打扫房间这件事，她却每天都在做。

妈妈不肯丢弃旧物，是因为她已经把感情转移到了物品上。早年，她经历过艰难的生活，那样的日子太刻骨铭心了。在艰苦的条件下，能够拥有一件在当时还算比较好的外衣，是何等的珍贵！尽管那样的日子已经结束了，可那些物品对于妈妈的意义，还一直存在。她不肯丢弃的，是她人生的那一段旅途。

留着过去的物品，似乎是为了证明自己曾经的存在，或是某些情感与价值，那是一种对自我肯定的方式。如果丢弃了那件衣服，就如同丢弃了自己的一段人生，以及在艰难岁月里送给她这件外衣的人——我的爸爸，以及他们的感情。

每一件不想舍弃的物品背后，都藏着一个深入了解内在自我的机会。

如果你认为，丢弃任何物品都是不可原谅的浪费，那么请你思考一下：

——当物品被藏在被遗忘的角落，这算不算是一种辜负呢？

如果你觉得，有纪念意义的物品不能丢弃，那么请你思考一下：

——18岁时的生日蛋糕被吃掉了，那份仪式感是否还萦绕于心？

如果你担心，扔掉的物品万一将来会用到，那么请你思考一下：

——为小概率的事件忧心，牺牲日常的舒适，真的值得吗？

如果你总是为了“想扔掉某些物品，却总是扔不掉”的问题困扰，希望上述的内容能够给你带来一些启发和帮助。无论是极简生活还是断舍离，内在的精神都是相通的，就是重新审视自我与人、事、物之间的关系，把生活的重心放在自己身上，而不是放在物品身上。

时间不会停止，生活也在继续，物品的交替更新，也是自我成长的标识。不敢舍弃无用的物品，总是怀念过去或是忧心未来，很难过得轻松。我们需要的东西，应当以“当下”为时间轴，满足当下所需，把脚下的每一步都走好、走踏实，才是最重要的。

占有而不使用，也是一种浪费

如果一件物品不被使用，
却占用着有限的空间，
这本身就是一种浪费。

观念上的分歧，往往源自对同一事物的不同理解。

当我开始尝试极简生活，定期清理物品的时候，身边总是会冒出这样的批评声：“这么好的东西就不要了？简直太浪费了！”这些批评大都来自我的父母，在他们看来，把外观完整且暂时可用的东西扔掉是一种浪费！扔掉就意味着损失，毕竟在这个过程中未能换得另外一件触手可摸的实物。

在没有践行极简生活之前，我也曾一度这样认为。当时的生活状态就是，只知道添置，不懂得舍弃，新的放表面，旧的压箱底，最后都想不起来自己到底有多少同类的物品。直到搬家的时候，一箱又一箱“食之无味，弃之可惜”的东西需要整理，才意识到东西竟然如此之多，只收拾到一半，就已累得不想动弹。

那一刻，眼前的物品对我来说，真的不是什么财富，而是赤裸裸的累赘。囤积在房间里的物品，搁置在柜子里的衣服，我一年不曾动过，两年不曾穿过，这些东西于我而言，有何价值和意义呢？我把它们从一个地方挪到另一个地方，却没有体会到它们带给我的实际益处。在平常的日子里，我甚至想不起来它们的存在，在效用方面与不曾拥有没有差别。唯一的不同就是，只要它们一直存在，我就要收拾和整理，就要让其他物品为其腾出空间。

经历了几次这样的时刻，我对“拥有”和“浪费”有了全新的看法。

当我们得到一件物品时，它并不完全属于我们。从本质上说，我们只是把它从一处挪到另一处，只有当我们使用它时，它才真的属于我们，只占有而不使用也是一种浪费。

如果你去查看百科，便会发现“浪费”一词在释义中涵盖了几个重要的元素：不珍惜、不充分利用、不必要地废弃。这三者有一个共同之处，就是未能实现“物尽其用”。

物品只有被使用的那一刻，才能真正突显出它的价值。

那些不常用的瓶瓶罐罐，那些不太适合自己的衣服，那些可有可无的小零碎，与其囤积在角落或束之高阁，倒不如让身边真正需要的人拥有它们、使用它们。当物品在需要它的人手上，在需要它的地方带给人便利和帮助，那才算是物尽其用。

从这个角度来看，把不需要的东西挑选出来，留给真正需要的人，并不是浪费，而是对物品的尊重。让物品自然而然地归到它应该在的地方，回归到需要它的地方，才是舍弃它的初衷。那些精简下来的物品，是我们经过深思熟虑做出的抉择，而我们也将在未来的日子里，更多地、更好地享用它们、欣赏它们，从而真正地避免浪费，感受精致的生活。

与无限制的欲望保持距离

当物质的欲望不再成为生活的全部，
精神的价值与追求便会凸显出来，成为生命的灯塔。

一百多年前，一位毕业于哈佛大学的美国人在湖边搭建了一个小屋。

他抛弃了自己当时所有的东西，独自一人，安静地思考、生活。两年后，他把这种生活写成了一本自然朴素主义的书——《瓦尔登湖》，这个人就是梭罗。

在瓦尔登湖，梭罗悟出了一个道理："如果一个人，能满足于基本生活所需，便可以更从容、更充实地享受人生。一个人放下得越多，越富有。"

普通人很难做到离群索居，也没有必要这样做。但梭罗传递出的生活观，却是值得深思的。在物欲横流的时代，如果总是试图抓住更多东西，害怕错过和失去，会让自己被物欲包围，与真正的生活渐行渐远。

陈炜很有上进心，对自己要求甚严，总希望每件事都做到最好，在业余时间不断学习、精进技能。当他的工作业绩越来越出色，职位也越升越高时，接触的圈层和过去有了明显的不同。看到那些人的穿戴装扮、举止风范，他的内心充满了羡慕。于是，他又开始给自己设立新的目标，要买更好的车、更贵的表、更新款的手机。

物质需要金钱来堆砌，为此陈炜变得更加拼命。在精力和体能长期处于入不敷出的状态下，身体很快就给陈炜拉响了警钟。30岁出头的他，竟然患了急性心肌梗死，幸好发现得及时，才免于生命危险。

根据麦肯锡发布的《中国奢侈品报告2019》显示，在中国奢侈品消费者中，“80后”与“90后”占据了71%。同时，尼尔森在2019年发布的《中国年轻人负债状况报告》显示，中国年轻人实质负债人群约占整体年轻人的44.5%。欲望是前进的动力，但过分的欲望却是生活的负担。虚荣是无底洞，也是所有欲望中最可怕的，没有终止和尽头。以透支去追求虚荣，过着不属于自己的生活，只会把人困在痛苦的旋涡里。

物品是一面映照人的镜子，它所照出来的往往是那个我们不愿意承认的自己。换言之，炫耀什么，强调什么，往往是缺乏什么。那些为了虚荣甘愿负债累累，沦为物质奴隶的年轻人，很大程度上都是想要借助外物去提升自信，获得他人的认同和欣赏。正因为要面对那个自卑的自己太难了，才无法从繁杂昂贵的物品中解脱出来。

物欲一旦操纵了生活，人就变成了物质的奴隶。想不被物欲绑架，就要学会“离”，即脱离对物品的执着，放下“多就是好”的执念。当我们把关注的焦点放到自己身上，把自己当成生活的主角，就会发现我们真正需要的东西并不多，且多也并不意味着好。

去某寺院简短修行的人，经常需要穿上僧服，这样做不是为了追求形式上的统一，而是为了减少外物对内心的影响，把所有的精力都专注在修心上。

康德说过，自由不是随心所欲，而是自我主宰。我也曾扪心自问：怎样才能脱离对物欲的执念，成为物品与生活的主人？很惭愧，没有总结出一针见血的答案，结合个人的体验，我的感受是：做好“断”与“舍”，把物品减少到自己可以掌控的量，让它们全都在自己的支配下，基本上就可以实现“先有自己，后有物品”的状态。

在避免囤积、精筛细选、敢于舍弃的过程中，我们对物质的欲望也会变得淡薄。减少了外物的束缚与困扰，内在世界就会日渐丰富，让我们慢慢长成一个从心底生出自信的真实自我，不用依赖昂贵的、大量的物品来给自己“贴金”。

定期给家里来一场杂物大清理

最正确的打扫程序是先清除垃圾废品，
以及不需要、不合适、不喜欢的杂物，
之后再进行物品的收纳、整理、清扫与擦拭。

看日剧《我的家里空无一物》时，大概是入戏太深了，看到女主角置身于原来那个堆满杂物、无处下脚的家里，我的心也变得很逼仄、很拥挤。当她开始尝试极简生活，把那些无用的东西全都清理掉，独自躺在干净明亮的客厅地板上时，我的心也豁然开朗了。

生活在一线城市的人，大都能够感受到生活节奏之快。早上，匆忙地起床，顾不得吃早饭，就要去赶公交地铁，奔波在通勤的路上。辛苦了一整天，又置身于拥挤的人潮，在夜幕中疲倦地回到家，可能还要自己下厨做晚饭，待喂饱了自己的身体后，有子女的父母还要开始辅导功课的艰难旅途。终于忙活完了一天的任务，哪怕厨房还有一些碗筷堆积着，哪怕房间的地板已看出脏了的痕迹，却也再无力气去收拾。

这是生活残酷的一面，毕竟都是血肉之躯，谁也无法变成超人，在承受着高压的工作之余，还能像全职保姆一样，把家里各个角落都打扫得一尘不染。对于普通人来说，这真的太难了，在工作日无法平衡事业与家庭的时候，放自己一马没什么不好。

不过，这样的允许当是有期限、有节制的，不能把这种偶尔的凌乱当成一种必然，任它成为常态。温馨的、整洁的家会带来惬意和放松，无论在外面承受了多少委屈，付出了多少辛苦，在迈进家门的那一刻，都能让我们长舒一口气，感到舒适与自在。更何况，家是我们的第一道场，房间的状态，就是内心的状态。

有没有一种可能，在不耗费太多精力的条件下，让家尽量保持温馨整洁呢？

美国作家布鲁克斯·帕玛说过："垃圾，或杂物，包括你保留的但对你不再有用的东西。这些东西可能是损坏了的，也可能是崭新的，无论如何，它们都已失去了价值，所以成了垃圾。这些东西一无是处，当然不能提高你的生活品质，相反，它们是优良生活的牵绊，是焕发生机的阻碍，也是你必须清除的绊脚石。”

丢掉无用的杂物，不仅仅是一项清洁工作，更是打破固有的生活模式和惯性思维，为自己所处的环境以及身心，做一次彻底的清除，凸显出更重要的、更有价值的东西，让我们把有限的时间和精力投入这些事物上，换来高效、高质的人生。

那么，清理物品要从什么地方入手呢？

不要着急，家里有多个房间，物品繁杂混乱，我们不能指望一下子就把所有的问题都解决掉，把整个房子都清理完毕。每次，我们只要关注一个区域就可以，如大到一间卧室，小到一个柜子，或者一个抽屉。通常，从最简单的地方开始，最容易让我们积累成就感。

清理物品的本质，是对其进行筛选和归类：

A类：需要保留的物品。

——各占其位，常用的放显眼处，不常用的往后放。

B类：需要收纳到其他地方的物品。

——置于该放的地方，如玩具放玩具箱、要洗的衣服放脏衣篓。

C类：需要处理掉的物品。

——扔掉、送人或出售，以恰当的方式尽快解决。

在清理C类物品的时候，最好一边行动一边思考，对“杂物”形成一个清晰的定义。有人认为杂物是“无法为生命增值的东西”，也有人认为是“干扰自己过上应有生活的东西”。我在清理物品的时候，通常是这样来界定的：某一件东西，我不知道它有没有用，或者不觉得它很美好，就会把它当成杂物清理掉。

整理和改变，最难的不是过程，而是开始。你可以从细小、最简单的行动做起，比如尝试去清理一个抽屉、一个衣橱，把它作为启动的机制。

清扫杂物的过程，就是清理内心淤积和负累的过程；重建房间的秩序，收获的不仅仅是整洁有序的环境，还能让你卸下无用的包袱，找回内心真正的需要。

家净人安，美好自现。

处理重复的物品，保留唯一的物品

历经筛选被留下的东西，

往往会让人萌生出更多的尊重与爱惜。

在清理杂物的时候，我们的内心可能会冒出这样的声音："这件东西要不要保留，万一将来要用怎么办？"结果，有80%的概率我们会留下那件物品，但也有80%的概率在今后的生活中并没有发现自己需要它。这是不是意味着，这样的念头是多余的呢？当然不是。

我有一条品质还不错的浴巾，是几年前在一家专营棉品的店铺买的，通常只有在洗浴时才会用到。我在整理物品的时候，也曾想过把它清理掉，毕竟洗浴后用毛巾擦拭头发和身体完全没问题。可是，转念一想，去健身房游泳、去海边玩的时候，浴巾有保暖的用途，这是毛巾无法替代的。从功能的角度来说，它有保留的价值，所以我就将其留在了储物柜里。

与此同时，我也清点和整理了一下与浴巾功能相似却不完全相同的物品——毛巾。细数了一下，家里共有6条毛巾，大小基本相同，只是薄厚不一，图案有差异。实际上，在常规的使用上，有2条毛巾替换就足够了。于是，我在一摞毛巾中做了筛选，留下了2条品质最好的，一条是较厚的纯棉材质，另一条是吸湿性较强的无捻纱材质。

这是清理杂物的一个小窍门，如果担心把某件物品处理扔掉后，将来会觉得后悔，那不妨保留"唯一"的物品，处理"重复"的物品。

浴巾我只有一条，真的扔掉后，可能在游泳时会发现没有它很不方便，所以我选择了保留。至于毛巾，6条不可能同时使用，大多数都是叠放在储物柜里。与其如此，不如将品质最优的留下，其他重复的清理掉。这样的话，既不影响日常使用，还能腾出更多的空间。

很多时候，家里之所以会存在过多重复的物品，是因为我们掉进了一个思维怪圈：如果喜欢某一类物品，或者感觉拥有一件物品是好的，那岂不是多多益善？然后，我们就积攒了一堆毛巾、床单、行李箱、杯子等，这样的清单可以列得很长，但真正能够被使用到的，却只是其中的极少部分。特别是不断入手新品后，那些旧的物品可能就被忘记了。

当我们选择把相同功能的多余物品清理掉之后，往往会发现一个小惊喜：家里能够看到的那些东西，都是精挑细选后留下的，也是自己最喜欢的。然后，我们也更愿意去使用它们，而在使用的过程中也更能留意到它们的变化，比如哪个零件需要修理了，或者是需要更换了。这个时候，我们才是真正地在跟物品亲密相处，而不是只拥有，却视而不见。

收纳不是把所有的东西都藏起来

将所有物品一股脑地塞进收纳箱，
只是表面上的极简，并没有改变自身与物品的关系。

亚菲是一个2岁孩子的妈妈，也是一个普通上班族，每天忙活工作和照看孩子，已经让她疲惫不堪，再望着一片狼藉的家，她的心情更是混乱。

客厅摆着一套大型的家具，占据了一半的空间；沙发上和地上散落着孩子的玩具，桌子上还堆放着大人和小孩的零食；阳台上搁置着一架落了灰尘的跑步机，踏板上还放着一台动感单车，晾晒着密密麻麻的衣服，把所有阳光都遮住了；再看卧室，一堆尚未收拾的衣服扔在床上，堆得有一米高。

看着这凌乱的杂物，亚菲也想收拾一下，可她实在不知道，用什么方法才能既快又好地把房间整理得通透、整齐？

遇到亚菲的困扰，可能会有朋友想到一些整理和收纳的方法。

这当然是保持家庭整洁度的一种途径，但这种情形需要一个前提条件，即先完成彻底的、将物品极简化的清理过程，且这个过程是持续的。如果只做收纳，而不进行物品的清理，处理这项家务要花费的时间和精力就很可怕了，且难以保证效果的持续性。即便今天把所有的物品都收起来了，但抽屉和柜子还是会被再次打开，而那些物品又会重现，打乱井然有序的空间。想彻底解决家里凌乱的问题，务必要先精简杂物，将家里拥有的物品减少到合理的程度（保证家庭所需但不烦冗），然后再进行整理和收纳的工作。

当你完成了精简物品的过程之后，再进行收纳就相对容易多了。

要保证家里整齐有序，最简单的一个办法就是——充分利用收纳箱！

我家里有一个两开门的衣柜，所占家居面积并不大，但亮点在于同时给它配备了6个长方形的大收纳盒，摆放在底下的两层隔断上非常合适。这6个收纳盒，帮助我把衣服进行了分类：春夏的上衣和裤子，秋冬的毛衣和裤子；当季的衣服放上面，穿不到的放下面。每次洗完衣服，叠放在收纳盒里，找衣服也很方便。有了这些收纳盒，比把衣服单纯叠放在衣柜里要好很多，因为衣服被分了类，且不会因为找某件衣服，而把其他衣服翻乱，整齐度很容易保持。

这种方式可以用在很多物品上，比如小件的内衣、袜子，可以用小型的收纳箱，每人一个，固定放在衣柜或床头柜里。孩子的玩具，可以按照不同类型分别装在不同颜色的收纳箱里，每次玩过之后，就让玩具各归各箱，这件事情孩子自己就可以完成，省得大人追在后面打扫收拾，也能帮助孩子养成良好的习惯。

家里的药品，也可以存放在一个药箱里，置于固定的位置；电子产品的数据线、充电器，也可以准备一个挂在墙上的分层布袋，将同接口的放在一起，找起来很方便；家里的其他小零碎，如孩子的小发绳、小卡子，也可以用小塑料盒来装，放在梳妆台附近。

当所有的物品都有“家”可归，摆放得整整齐齐时，家里看起来会很舒适，且收拾整理也很方便，想找什么东西，一下子就知道该去哪儿找，减少很多麻烦。

在此需要强调一个要点，不能因为收纳箱好用，就疯狂地购买收纳箱，走另一个极端。毕竟，收纳的前提是保留真正需要的东西，舍弃不必要的杂物，而不是把所有物品一股脑都塞进箱子，那样就变成眼不见为净的自欺欺人了。

在保持家居整洁度的问题上，还有一些小tips可以给我们的生活带来帮助：

（1）每天清晨起来后，先把床铺整理干净，保证床上无杂物。

（2）饭后立刻洗碗，没人愿意走进一个洗水槽里堆满脏碗碟的厨房。

（3）保持所有台面干净整洁，包括厨房的料理台、饭桌、书桌，切忌堆放杂物。

（4）给衣柜留出一些空间，方便家庭成员快速地取放。

（5）发现没有用的物品，立刻将其丢进垃圾桶。

（6）阅读完的杂志和报纸，随手就把它们处理好。

（7）每天晚上把所有物品放回原位，在干净整洁中迎接新一天的开始。

东西用完后，及时归放到原处

用过的东西不放回原处，
生活会变得杂乱无章。

你是否偶尔或经常在生活中上演这样的片段：

东西总是需要用的时候才发现不见了，翻箱倒柜地折腾，着急忙慌地出了一身汗，却还是找不见，最后只好唉声叹气地放弃寻找。偶然的一天，你在寻找其他东西的时候，却发现了之前寻找的物件，没想到它藏得并不隐蔽，就在一个挺明显的地方，可之前你却没有看到。

如果你的生活经常上演类似的片段，说明你要增强归位意识了。

时间管理大师博恩·崔西，曾经提出过21个高效时间管理黄金法则，其中有一条就是：东西用完后要放回原处，减少寻找时间，提高生活、学习和工作的效率。

马来西亚中文报纸《光华日报》曾刊登过这样一个故事：

这天傍晚，我们一家三口准备好要赴一朋友的婚宴，地点是在莎阿南的一间旅馆。临行之时却找不到请柬，我们对那一带的路线不熟悉，请柬附上的地图可帮我们避免走许多冤枉路，于是再度在一些可能的地方细心翻找，最后仍然徒劳无功。

妻子催我上路，说：“反正找不着，不如趁着天色还亮，去那里转着找找更好。”于是，我们便上车向莎阿南进发。幸好刚接近那一带，就看到路旁告示牌有那间旅馆的指向，结果我们很顺利就到了那里。

宴毕回到家，刚进家门不久，妻子就说：“哎呀，请柬不是乖乖地在这儿吗？”我转头一看，那请柬一直都在钢琴上面的一个小斜书架上！是我看了顺手放在那里，过后也没在意，没有把它放回收信件的篮子里去。

回想这晚的一切，却也庆幸没有闹得不愉快（妻子对走错路或迷路颇介意）。然而，这也是一个提醒：东西要放回原位！这是在小学已经学过的浅显道理。这一个简单的动作若养成习惯，的确可以省去许多翻箱倒柜的时间，避免不少的心头闷气，何乐而不为？

如果经常因为找不到需要的东西而翻箱倒柜，甚至大动肝火，不仅浪费时间，也会影响身心健康，实在很不划算。平日多一点归位意识，用完的东西立刻放回原处，下一次再用的时候很快就能够找到，可以节省不少时间。

允许『偶尔不够干净』的状态存在

无论是人，还是房间，
都会随着心情而发生变化。

体验到物品减少带来的整洁与舒适感之后，有些人会陷入一种类似于“强迫”的状态：不允许家里的环境变得杂乱，甚至稍微有些不干净，就会心烦意乱，逼迫着自己和家人去收拾，力求时刻保持一种干净的状态。

无论是网络上还是杂志上，谈到极简或整理术时，往往会附加精美的图片，让人不自觉地产生一种认知：擅长整理的人，或是极简的生活状态，就应该时刻保持干净整洁的状态！

不得不说，“家里总是很干净”是一种令人憧憬的理想状态，然而在现实生活中，我们不能被这一执念禁锢，因为生活不只有“保持家庭环境整洁”这一件事。除此之外，我们还有工作、家庭关系、人际交往，以及其他的社会活动。

如果抱着“家里必须时刻都是干净状态”的执念，会徒增很多的心理压力；我们应当追求一个切合实际的目标，即“家里偶尔不够干净”也是可以的，允许这样的状态存在。

假设你刚刚换了一份新工作，有许多新的内容要学习。原本，你每天都要在晚饭后打扫房间、整理家务，可这一个月内，你需要把这些时间用来学习工作资料。如此，自然就不能指望家庭环境和之前保持同样的整洁程度。

在这样的处境之下，如果你被“家里必须时刻保持干净”的想法禁锢，那你就要在学习完工作资料之后，再花费时间、精力和体力去收拾家务。也许，你可以完成这样的安排，但这番全力以赴要付出怎样的代价呢？你能够保证每天如此吗？能保证第二天还可以精力充沛地应对工作事务吗？

极简生活的本质，不是在空间形式上保持干净整洁，而是减少不必要的资源耗损，以求把更多的时间和精力用在更有价值的事情上！无论是人还是生活，总会不时地出现变化，这就意味着，不同时期、不同状态之下，要关注的侧重点也不一样，不能指望把所有的事情都做到完美。把精力留给最重要的事，在完成要事之前，其他的事情可以暂时放一放。

偶尔，我们可能还会产生这样的感受：不知道怎么了，就是提不起精神来收拾整理。此时，不必苛责自己，人在有烦恼和压力的时候，大脑和心思会不自觉地往那些事情上集中，即便身体不累，心也会很累。在这样的状态之下，想保持和之前一样的精神状态，着实不易。

孩子们的房间，也不能够保证“总是很干净”。如果孩子平时有规整物品的良好习惯，房间也一向比较整洁，可是某一天，你发现他的东西随意乱放着，甚至连床铺都没有收拾，这可能表示他的状态不佳，正在为一些问题烦恼，内心处于混乱的状态。房间的状态，往往是心情变化的外在表现。

干净整洁的家居，固然能带给人美好舒适的感受，但我们也不该让自己和家人被“总是很干净”的想法捆绑，要放轻松一点，允许“偶尔不是很干净”的状态存在。况且，从某种意义上来说，散乱可以让我们更好地了解自己和家人所处的状态，思考当下的“我们”正在为哪些事情耗散精力，及时地进行调整，作出最有益于当下的安排。

PART 2

生活极简

用有限的金钱，带给自己
更好的体验

要认识到我们为拥有一件物品而付出的代价，不仅仅是购买时的价格，还有保管所花费的空间和维护它所花费的时间和精力。

—— **佐佐木典士**

美好不一定要用金钱和物质堆砌

生活在自身的极简系统内，
生活质量会越来越高。

有一次，我患了严重的感冒，连续四五天都食之无味。那种口中苦涩无味，又想找回嗅觉和味蕾的渴望，促使着我中午跑到好几家店铺，尝了不同口味的食物，如馄饨、煲仔饭、果汁等。在当时的状态中，我根本顾不得去思考一道菜、一份饭做得是否好吃，我只关注吃进去之后，能否唤醒我的味蕾。遗憾的是，所有的尝试都失败了。

回到家后，疲惫的我用多功能锅熬了一点稀米粥。睡了一觉后，天已经快黑了，而粥也已经熬好了。盛了一小碗热热的稀粥，又自己拌了一份银耳黄瓜。没想到，一口粥咽下去，竟然发觉它是那么好喝，有一股大米本身的甜味，也有米汤的浓稠，从嘴巴到喉咙再到胃里，都能感受到它的温热。干燥的嗓子觉得被滋润了，胃也感受到了温暖，再吃一口清淡的黄瓜银耳，顿时觉得“碾压”了中午所点的一切外食。

那一刻，我忽然想到了苏东坡说的话：“人间有味是清欢。”

生活中的很多美好和乐趣，都蕴藏在简单的事物中，只是经常被我们忽略而已。就像生病的时候，误以为口味浓重的食物，可以唤醒味蕾的敏感度，却没料到最终“治愈”自己的，竟是一碗清淡的白粥。

以前喜欢尝试各种奶茶、果茶和其他饮料，似乎冬天只有奶茶才能温暖自己，夏日唯有酷爽的碳酸饮料才能解暑。喝得多了，却发现许多喜欢的口味，也渐渐开始让自己生腻了，特别是改变了饮食习惯以后，再去品尝那些奶盖和果茶，即便是要了半糖，依然觉得喝过之后，口中有不舒服的黏腻之感，加之超高的热量，更是对身体和皮肤没什么益处。

现在居家或出门，我会随身带一个喜欢的保温杯，里面或是盛放简单的温开水，或是淡淡的纯花草茶。这样的天然饮品，入口时没有那么刺激，喝进去却让身心都感觉舒畅。夏天里，一杯淡淡的绿茶最能解暑，瞬时缓解口渴，远胜过加了糖分和添加剂的饮料。

为了让自己养成运动的习惯，在过去的十年里，我为自己办了数张健身卡，也购置了不少家用的健身器材。然而，残酷的事实告诉我，它们的存在并没有真正帮助到我，因为在我的脑海里，始终认为运动是一件需要强制执行的活动，过程无比痛苦。结果就是，健身卡、健身器材都成了无用的摆设，白白浪费了不少的金钱。

偶然的一天，我看阳光很好，发自内心地想出去走走。

然后，就一个人快走到了附近的郊野公园，人很少，绿树葱葱，顿时心情也变得很愉悦。不知不觉，我就走了5公里，身体微微出汗，回到家后洗了一个热水澡，清爽神怡。

正是从那一天开始，我发现运动可以是不痛苦的，也可以是一种主动选择，而我们要去感受的，也恰恰是运动带来的乐趣，而不是将其视为一种健身或减肥的工具。任何事情，一旦掺加了被迫的成分，都会让人难以坚持下去，因为不是发自内心的喜欢。

生活中类似这样的事情还有很多，比如，每周自己动手洗一次车，权当是运动；短途距离的出行，选择走路或骑车；用爬楼梯代替乘坐电梯；自己栽种一盆蔷薇，经常可以嗅到鲜花的香气……总之，美好不一定都要用金钱和物质堆砌，在一些细微之处去繁从简，我们一样可以感受到幸福与满足。

别让『伪精致』毁了你的人生

掉进消费主义陷阱里的人，
往往是倒置了消费与自我的位置。

英国消费心理学家卡特琳·V.扬松–博伊德在《我们为什

么买买买：消费行为背后的心理学奥秘》中提到：“人们常常会根据物质财富来评价他人，这意味着消费现在已经成为塑造和维持身份的重要元素。”

正因如此，不少年轻人掉进了“伪精致”的陷阱，赚着仅够维持生活的工资，却过着挥金如土般的生活，每天光鲜亮丽地出现在人前，背后的捉襟见肘却只有自己知道。

网络上曾经报道过这样一则新闻：“90后女护士欠几十万网贷被赶出门；为维持精致生活月花数万”，故事的情节并不复杂，没有高利贷，也没有诈骗，就是一个年轻女性为了维持所谓的“精致生活”，从正规贷款机构屡次借贷。在母亲为其偿还了23.8万元的债务后，她又去借贷，最后被母亲告知——你不是我女儿，你是领养的。

这位年轻的姑娘，就是普通的工薪族，每月拿着几千块钱的工资，可她崇尚并追求的生活是这样的画风：上下班只坐网约车，中午吃饭叫外卖，路过星巴克必买一杯；休息日从不在家待，约上朋友吃饭、唱歌、泡酒吧；只要看见喜欢的东西，就想买下来，几年时间换了十几块手表……尽管每次的支出不是很多，但频率很高，一天下来自然就成百上千。长此以往，就变成了无法承受之重。

这样的故事，真的不是个案，它揭示着当下许多年轻人的

生活状态：出门一定要打车，买包一定要奢侈品牌，手机非苹果不用，吹风机一定要选戴森……单纯去看每一个选择，倒也无可厚非，人人都有自己的喜好和需求，也有资格和权利去满足自己。不过，满足自己有一个重要的前提：你的消费能力与你的选择相匹配。

在自身能力可支撑的范围内，选择最需要的、最适合自己的物品，没什么问题；若是对物质的欲望，超出了自身可承受的范围，却还是一味地用物质去表明自己的身份，就掉进了“伪精致”的陷阱。

当然，这并不都是个人的问题，我们所处的环境总是在大肆宣传精致生活，无论走到哪里，都能听到或看到“爱生活，爱自己”的广告语，铺天盖地的软文和营销套路，总是在向我们灌输一个观念：物质彰显品位，高调代表入流。

商家的精心策划、社会舆论的导向、消费主义的陷阱，不断地吹捧各种“伪精致”必备品，让许多人将物质和消费作为“精致”的标准与寄托。他们看似是在追求高品质的生活，实则是希望在消费中获得他人的认可和关注。

当自身的能力无法满足内在的虚荣时，借贷就成了最不费力、最容易达成的选择。借贷，可以实现即时满足，也不需要立刻偿还，还不会给当下的生活带来现实压力，看似“完美无缺”，而这又进一步强化了当事人借贷的习惯。

除此之外，还有一个现实因素不容忽视，它也是导致许多人落入消费主义陷阱的一个重要原因：在经济行为中，人会受到心理账户的影响，总觉得现金才是血汗钱，微信、支付宝、信用卡里的钱是“虚拟”的，现金支付会真实感受失去钱的过程，而手机和银行卡支付，却会让人把电子货币的价值看低，人为地降低消费门槛。

说了这么多关于“伪精致”的内容，也是时候聊聊何谓真正的精致了。

记得曾在《人民日报》的官方微博里读到过一篇文章，主题讲的也是“被伪精致掏空的年轻人”，我很认同这篇文章中的观点——精致，不全是物质堆砌出来的。

年轻人偶尔超越自身能力高消费，不需要杞忧。但活得精致，往往不是体现在消费高端，而是体现在精神高贵；不是体现在锦衣玉食，而是体现在心灵丰盈。与其奔波于物质搭配的圈子里，徜徉于别人的阳光，不如使人生更有价值。

精致的生活是由内至外的，可以为自己添置物品、犒劳自己，但前提是保持理性；真正的从容，不是不计后果地透支，或给别人看，而是把消费决策攥紧在自己的手里，回归生活所需，让自己感受到美好和踏实。

或许，我们该谨记蒋勋老师的忠告：“真正的精致并不是贵，它不是通过财富、物品、服饰把自己和别人区分开来，当你想以此区别自己和别人时，你就已经失去了精致。”

宠爱自己的方式，不止是买买买

爱自己不是花钱与消遣，

而是要从身体、心理和灵魂方方面面去爱自己。

20世纪20年代，美国被滚滚而来的财富浪潮淹没，精明的广告商们开始有意地在公众的脑海里把“拥有感”与“幸福”联系起来。直到今天，这样的理论依然在发挥着作用。

在很多人看来，拥有一套大房子、一辆高档汽车，穿新款的运动鞋，用新的电子产品，直接指向了自己的身份地位、生活品位、收入水平，显示出自己有能力为自己和家人提供高质量的生活；甚至就连喝某品牌的咖啡与啤酒，都成了友谊与归属感的代名词。

这一切是真的吗？不，这只是广告商们臆造出来的概念。

当我们购买的东西远远超过自身真正的需要时，他们的客户就能实现盈利的目标。广告商们利用了我们获得“拥有感”的欲望，让我们掉进了一个思维陷阱，认为生活的目的就是要自我满足，而“买买买”就是最直接的自爱方式。

相信你在生活中也听到过这样的声音：“我想吃什么就要吃，管它贵不贵，人一定要对自己好！”“我最大的爱好就是买包，心情不好就买个漂亮的包哄自己开心，包治百病！”“我发现自己有黑眼圈了，赶紧入手了一款大牌眼霜，女人就要爱自己！”

毫无疑问，这些独白都带着“爱自己”的印记，但这样的选择真的可以实现“爱自己”的初衷吗？大快朵颐地吃喝，实现了口欲上的满足，可当体检报告出来时，你是否有勇气直视且不为之前的放纵感到懊悔呢？心情不好就下单一款奢侈品包包，这份高价换来的愉悦能够持续多久？昂贵的眼霜和精华，能解决长期熬夜和不良生活习惯的后遗症吗？

在消费能力范围内偶尔犒劳一下自己，对自己的努力予以抚慰，无可厚非。可是，无节制地满足口欲，把消遣和花钱视为爱自己的唯一方式，只是一场形式主义的自爱。

放眼望去，全世界的广告语都在传递这样的信号——“买它，你值得拥有，它会让你变得更好！”听起来真的很有诱惑力，谁不渴望变得更好呢？可是，如果真的不假思索地“买买买”，结果往往会让我们变得更拮据，甚至负债累累。

在“买买买”的过程中，我们关注的只是消费行为本身，而不是消费的内容；我们只是想给自己花点钱，却没有认真思考要花在什么地方，花得值不值。

消费，从来无法实现让我们感到幸福或满足的承诺，恰恰相反，它会偷走我们的自由，让我们对拥有更多的物品产生难以抑制的欲望，同时也会在心理上带来悔恨与负担，分散我们的注意力，让我们忽略那些真正能够带来快乐的事物。

必需品不用多，但要选择优质的

高质量的必需品，

付款的那一刻是心疼的，每次使用时却是愉悦的。

添置物品是生活中不可避免的事情，但如何购买却是一门学问。极简的核心是，告别那些多余的物品，尽量只保留必需品。因而，添置物品的第一要务，也是尽量选择必需品。

必需品有很多，衣服、鞋子、化妆品、家居用品、厨房用具，都是每日生活离不开的东西，且每一类产品都有多个品牌，性能和外观也令人眼花缭乱，这就使我们在挑选必需品的过程中，不自觉地掉进一个误区——有用，但不够实用。

我买过一套餐具，里面包括四个不同形状、不同颜色的深瓷盘，用它来盛放美食做摆拍，效果非常赞。当时，购买这套餐具的初衷，是用它来做西餐的，比如焗土豆泥、做燕麦香蕉蛋糕，分量适中，既能放在烤箱里，也可以用于微波炉。

刚买回来时，我用这套餐具做了三四次西餐，偶尔也会用它盛放一些简单的沙拉。可是很快，我就发现了一个问题：这套餐具虽精美，品质也很好，但因形状特殊又不统一，每次清洗都比较费劲，且在收纳时也无法叠放，橱柜里最下面的空间，被这套餐具占据了一大半。我这才意识到，选择必需品的时候，也要考虑到它的实用性和便捷性。

后来，家里用的餐具都是从某家居品牌店选购的灰色系和粉色系产品，价格不贵，但收拾起来十分方便，因为大小和形状都一样，叠放在一起能节省不少空间。关于做西餐的问题，我认真地想了一下，频率真的不太高，且烤箱自带的披萨盘，以及微波炉自带的塑料盘，已经可以满足使用功能了，无须再添置。

极简生活，不是越活越吝啬，而是越活越精致。选择必需品时，有一个重要的法则：在可承受的经济范围内，一定要选择最喜欢的、品质最好的！

我在这方面走过一些弯路，选择某样生活必需品时，总是忍不住考量价格，妄图能实现物美价廉。比如，有一次购买熨烫机，选了一款不足百元的手持小型熨烫机。到货后发现，东西看起来很廉价，而且真心不好用！无奈，只好把货退了。

直到后来，我在朋友的服装店里看到了一款立式熨烫机，不仅外形简约大气，用起来还很方便，加一次水就可以熨烫上百件衣服。我给自己下单了同款，价格虽然不太便宜，可它至今已经陪伴了我四年多的时间，还没有出现过任何质量问题。

每次用它将衣服的褶皱熨平时，内心都会涌出一股满足与感恩——感恩它的陪伴，让皱巴巴的衣服变得像刚入手时一样平整，让我在细节中感受着对生活的热爱，对衣物的珍视。

选择自己最满意的物品，不存在忍痛割爱的情结，内心是平衡的，对买来的物品也会充满喜爱并更加珍惜；品质好的东西结实耐用，一件高品质的物品，可以替代同等的几件商品。

我家的厨房里有一款多功能智能电饭煲，这款电饭煲在同类产品中价格颇高，但事实证明，贵有贵的道理。在安全性能方面，它是很有保障的，且具备十几项功能。煮粥、蒸饭、煲汤、做蛋糕等常规功能自不用说，最让我满意的两个功能是“再加热”和“预约”。

偶尔，锅里的汤或饭凉了，选择5~20分钟不等的时间进行再度加热，加热完后不需要等待排气，可以直接打开，非常方便。预约功能对上班族来说更是方便，我在晚上9点钟预约煮粥，放好喜欢吃的杂粮，选择预约9小时，早上6点钟的时候，粥就煮好了。起床后，不用慌忙地准备早饭，就享受到了有粥可温的美好。上班族也可以在离家前，选择预约煮饭，下班后饭就好了，也节省了时间和精力。

透过这一必需品，我想分享的心得是：多用性也是实用性的一种，用途越多的东西越实用，可以省去买其他产品，更加节省金钱和空间。

添置物品一定要理智，确定是不是真正需要。如果真的需要，就在可承受范围内选择品质最好的，自己最满意的。品质好的物品，有时价格会稍贵一些，但不要因为“舍不得”就选择将就，买质量不太好或自己不太喜欢的。那样的话，心里可能依然会惦念原本中意的产品，抑或在看到更漂亮的样式时会忍不住地想把它替换掉。

不信的话，你可以回想一下：那些你特别喜欢的，狠狠心才舍得买下的高档物品，是不是让你更加珍惜，更加不舍得轻易丢弃？也许，当初做决定时咬了咬牙，但它却帮你节约了日后的维护成本与替换成本，并让你在使用它的时候，喜悦与满足油然而生。

不要因为价格便宜去买一件东西

需要的物品，贵一点也要买优质的，
不需要、不满意的东西，再便宜也不要带回家。

刚学会网购的时候，小翠真的是“烧”掉了不少钱。

看到超级有吸引力的买家秀，想象着某件衣服穿在自己身上的样子，她就按捺不住想要下手了。再看价格，更是忍不住激动，比实体店要便宜一半，感觉就像“不要钱”似的。那一刻，小翠的手比脑子快多了，迅速下单，坐等收货。

终于盼到了快递员的电话，在取回包裹的路上，小翠就直接把它拆开了。然而，看到实物的那一刻，小翠像是被泼了一盆冷水。虽然不是次次如此，可“十有八九”并不夸张。糟糕的体验并未让小翠放弃继续网购，她安慰自己的理由是：“反正价格很便宜。”

就这样，小翠从网上淘来的便宜货越来越多，塞满了整个房间。真到需要用的时候，总是显得很寒酸，没有一件拿得出手。那时的小翠，20岁出头，工资不高，对消费的看法就是，尽量选择便宜的，每个月多买一些，体验新鲜感。

事实上呢？新鲜感只存在于淘货的过程中，一旦那些便宜货实实在在地呈现在小翠面前，她就丧失了对它们的喜爱。眼见着堆砌的物品越来越多，而又没有几个能派上用场，为了腾出空间，小翠就开始了“扔扔扔”。扔过之后，再继续淘，周而复始。

我们来审视一下小翠的购买习惯：每次入手单件的衣服，看起来花费并不多，也就是百八十块钱。然而，一个月算下来，零零碎碎的花销也需要四位数。问题是，这些钱花掉了，却没有留下什么像样的东西，连小翠自己都会“嫌弃”。

这样的购物模式，初衷是省钱，结果却往往花了更多的钱，频繁地在某一类物品上投入。与其贪图便宜买十件同类的次品，不如一次性投入，买件品质上乘的精品。精挑细选的过程，是甄别内在感受的过程，不要以价格从低到高来做选择，多关注品质，确认从质量到外观都是自己满意的，再看价格是否能够承受，在可支撑的范围内，选择自己最中意的。

就买衣服这件事来说，我个人更倾向于线下的实体店。现在添置衣物不是那么频繁，但更注重材质、舒适性，以及是否合身。线上的衣服样式繁多，可过多的选择也容易耗散精力，要么是挑到眼花，难以抉择；要么是照片与实物相差甚远，时间花掉了，到手的东西却不称心。与其如此，我更乐意抽出半天时间去实体店甄选，用手去触摸它的材质，上身试穿去感受它的版型与色彩，判断这件衣服是否真的适合自己。

每逢“6·18”“双11”或节假日，各大商铺就会推出一系列的打折促销活动，有些物品的价格也确实便宜得令人心动。面对这样的价格诱惑，我们还是需要回归理性，谨遵添置物品的第一法则——以需要为选购的基准。

面对大量的广告推销、特价半价的标识牌时，要冷静地问问自己：我真的需要吗？我有多大概率会用到它？我想拥有它，到底是因为价格便宜，还是它刚好满足我的正常所需？家里有没有同类的产品可以替代它？

别小看这样的几句询问，它会把我们从虚拟的幻想中，拉回到此时此刻、此身此地。当我们意识到，想入手某件商品，仅仅是因为看到了折扣，有想占便宜的心理时，就会变得理智很多，重新衡量购物的决策。如果是真的需要，赶在这样的活动日下单选购一款外观好看、自己喜欢的产品，那就再合适不过了。

归根结底，永远不要因价格便宜而添置某件商品。为了价格去买东西，往往会掉进广告的陷阱，买回一堆不实用的、不需要的物品。即使是必需品，如果只关注价格而忽略质量，也会拉低生活的品质，给家里平添冗物，无法实现预期的使用价值。

让暂时用不着的必需品待在商超里

搁置到未来才会用到的必需品，
是对此时此地的一种侵占。

“今天的卫生纸优惠力度很大，买一赠一，很合适的！”

“现在补水的面膜有优惠，要不要囤上几盒？”

“难得有这么多特价的果蔬，不如多买一点吧？”

……

这样的话，你是不是在商超中经常听到？这些想法，是否也经常浮现在你的脑海？

洗衣液、卫生纸、水果蔬菜等都是生活中的必需品，且都是高频次使用的产品。如果买一些摆设或小物件，会有盲目消费的嫌疑，可买这些东西回来，没有任何人质疑，哪怕是爱节俭的父母长辈。

很多人热衷于这样的购物方式，觉得是精打细算，也得到了真正的实惠。可是，如果你每周都去商超采购的话，也许会发现一个规律：

无论是水果蔬菜，还是生活用品，几乎每天都有贴着特价标签的商品，只是不同时期做活动的品牌不一样。就洗衣液、卫生纸、湿巾等产品而言，如果你不是必须选购某一品牌的话，那么无论你哪一天走进超市，都可以找到帮你节省金钱的特价品！

当我意识到这一现象后，就彻底改变了“为了折扣而囤积某件必需品”的习惯，除非家里的同类产品即将用尽，急需补上空缺；或者遇到了特殊的情况，有一段时间不方便出门，否则的话，我都不会轻易囤货。

虽然提前买回一些必需品，在将来肯定会用得到，可关键的问题在于，这些囤积的商品需要占用家里的空间。原本，你的洗脸柜底下可以很整洁，放上正在用的洗衣液、柔顺剂、卫生纸等，一旦你囤积了同类的产品，就得为它们腾出空间。当洗脸柜放不下的时候，它们可能就要被放进客厅或卧室，变成“暂时无用”的物品。

囤积一两件生活必需品，倒也不会造成太大的影响，但这样的购物习惯和生活方式是会蔓延的。当房间里囤积了多件这样的打折品时，如何还能感受得到整洁、极简的空间？况且，让搁置到未来才会用到的必需品填满房间，是对此时此地的一种侵占。

与其如此，不如让那些暂时用不到的必需品，好好地待在商超里，那里才是真正的囤积仓。待到需要的时候，再挑选合适的买回来，这样既能够享受到价格的优惠，也可以保持房间的整洁和宽敞。从消费的角度来看，为自己节省了成本；从生活层面来看，为自己赢得了空间。只是改变了一个选购必需品的时间，却能体验到更舒适的生活方式，何乐而不为呢？

购物前不列清单，你可能会后悔

要用多少，就买多少，
这是最不容易浪费钱，也是最经济实惠的方法。

你有购物之前列清单的习惯吗？

如果你觉得，逛商超是一件很简单的事情，没必要搞得这么复杂，那么请你仔细回想一下过往的购物经历，是否发生过这样的情景：

明明说好就去买一点蔬菜，可装进购物车里的既有零食也有生活用品；本来就想花几十块钱采购2~3天的食材，结果却花出去了200~300元，付款的时候才醒悟过来，无论是所购的物品还是花费的金钱，全都超出了预期。

有时候，并没有打算买什么，只是闲来无事去逛一逛。消遣无可厚非，可在看到琳琅满目的商品时，却陷入了过度购买之中，不知不觉就为那些非必需品扩大了支出。

你无论是真有购买需求还是消遣闲逛，事先没有计划和安排，就很容易出现冲动购买的情形。如果能提前列一张购物清单，就可以有效地降低过度购物的概率，在付款的时候让自己心安理得，而不是心痛如绞。

请注意，这里说的购物清单，并不单纯是指用一张纸写下自己要购买的物品，我们还需要在心里对自己需要的物品进行分类，且对想要选购的物品设置相应的预算金额。

1.对选购的物品进行分类，想要入手某件物品的时候对号入座。

A类物品：生活中必不可少的东西。

——这类物品是必不可少的，且当下正需要，那就毫不犹豫地买。

B类物品：可有可无，偶尔需要的东西。

——这类物品需要仔细斟酌，看是否真的喜欢，估量使用频次，看值不值得购买。

C类物品：完全不需要，买来就会囤积的东西。

——这类物品不是刚需，只是占有欲望在作祟。所以，要及时提醒自己，买这种物品回家的结果，就是任其占用空间，却没有什么价值。

经过几次对选购物品进行分类的练习，不仅可以帮助我们减少购物支出，更能让我们的思维逐渐变得理性，明白自己真正需要的是什么，清楚地分辨出哪些是真实的需求，哪些是想要占有的欲望。

如果暂时做不到这一步，也可以在购物之前，用一张纸写下想要购买的所有东西。写完之后，对这些物品做一个筛选和归类，看看哪些是必需品，哪些是可有可无的，哪些是完全可以舍弃的。最后剩下的，就是自己此次购物的目标了。

直到有一天，我们能够做到不需在纸上列清单，而是在购

物的过程中，看到一件物品就清楚它在心里的清单中属于哪一类，那就意味着已经回归到理性消费的状态了。把这个状态很好地持续下去，并在心里对物品做进一步的筛选和归类，就更靠近极简生活的理念了。

2.对必需的选购物品设置一个预算金额，做到心中有数。

绿叶菜：15元

香菇：5元

大米：40元

鸡胸肉：20元

百洁布：5元

洗衣粉：20元

……

看，把所需商品和金额都列出来，是不是一目了然？有计划地去选购，可以有效地帮我们节省时间和精力，并将此次的购物开支控制在预算的范围之内。

钱挣来是要花的，没毛病，但这并不意味着可以随意乱花，我们还是要从生活的细节入手，养成理性消费的习惯，把钱花得明明白白，花在刀刃上！

重视记账，为消费金额设置上限

如果总是一到月底就缺钱，
不妨用制订预算的方式来解决烦恼。

每个月还信用卡时，Alisa都是眉头紧锁，一脸沮丧：怎么这么多呀？我都买什么了？

在面对还款账单时，很多人都和Alisa有同感，想不起来钱花在哪儿，感觉好像没有添置什么显眼的物件，却不知不觉陷入了透支的窘境。即便是没有透支消费，在面对以下的这些消费问题时，多数人也是回答不上来的——

1.你这个月的消费支出是多少？

2.你的钱从哪一途径支出的较多，信用卡？微信？支付宝？

3.你较大的金钱支出用在哪方面？

4.你能否准确地说出今天花费了多少钱？

Alisa解释说："换作十几年前，我真的可以准确回答出这些问题。原因很简单，那时候我赚的钱太少了，还需要租房子、吃饭、乘坐公共交通，我不敢乱花一分钱。所以，每个月的费用都是固定值，每天的消费金额也都差不多。那时我只有一两张银行卡，所有的消费支出都是现金，掏钱购物的时候，眼见着钱递给别人，花得太多也会有心疼之感，精打细算就成了必然。

“后来，有了电子支付的方式，带着手机就能出门，再不需要用钱包了。网购的时候，输入一下密码就OK了，线下购物也只需要扫个二维码，一切都变得简单化、快捷化，当然钱花出去的速度也更快了。再后来，信用卡、花呗、白条纷纷现身，消费的快感又被提升了，看见心仪的东西，当下不需要用自己的储备金来支付，有人暂时替自己掏钱，这感觉真是很美好……在这个过程中，我从一个典型的‘月光族’，渐渐沦为了‘负翁’。花钱的时候很潇洒，快到还款日时却焦虑得失眠！”

有没有什么办法能够帮助Alisa走出这样的窘境呢？

也许，你会觉得，我说的方法有些“老土”——记账。

每天跟数字大眼瞪小眼的，想起来就让人觉得麻烦，成天琢磨在哪个地方花了多少钱，太痛苦了！一两块钱的开销，有必要记下来吗？感觉特别像吝啬的“葛朗台”。

其实，无论对家庭理财还是个人理财而言，记账都是起点。选择记账的目的是帮助我们更好地了解财务状况，对自己的支出进行分析，了解哪些支出是必须的，哪些是可有可无的，哪些是纯属浪费的，从而更合理地做好支出预算。

每个人都有不同的记账偏好，可选择的记账软件也很多。

就我个人而言，现在用的记账方式比较简单，所有的收入都存在一个账号里，每次到一笔账，银行卡都会有记录。在支出方面，现金支付很少，日常开销就是每月在微信里存入固定的钱，每笔支出在账单里都有显示，大致就能够看出哪部分支出占比较大。

存入固定值的目的，就是设置一个消费上限，时不时地看一下余额，提醒自己该怎样支配剩余的钱。渐渐地，省掉那些不必要的开支后，这个固定值可能还会有剩余。在网购方面，也可以采用同样的办法，如果这个月没有余量，就要等到下个月再买，学会延迟满足。

这是个人的一点心得，不一定适合所有人，可是做好支出预算这件事，却能让自己生活得更从容，不至于被债务追得气喘吁吁。况且，日子不可能永远平静如水，有沁人心脾的鲜花，也有狰狞可怕的荆棘；有徐徐吹来的春风，也有凛冽刺骨的冰雪。居安思危，为自己做好充裕的准备，才能在困难来临时不忧不惧，给平静的生活以坚实的后盾。

选衣的标准是遵从自己的内心

看清自己内心的基准，

穿想穿的衣服，遵从自己的喜好。

极简生活崇尚“少而精”，以及“简而美”。为此，很多人在选择衣物的时候，就把目光投向了昂贵的大牌，试图用它们彰显自己的品位。哪怕要攒上一个月的工资，也得买一身大牌，以此来向世界证明自己的与众不同。

这样的做法不能一概而论，对某些经济条件充裕的人而言，把钱花在自己真正喜欢的衣物上，也无可厚非。但就普通的工薪族而言，却需要细细思量，这样的行为背后是否有错误的认知和观念在助推？我们非得用名牌服装撑门面，靠昂贵去突显品位吗？

有一篇名为《如法国女人般优雅地变老》的文章，开头这样写道：

“她随着脑海中的旋律，在街道上迈着华尔兹舞步，并不时地朝过往行人微微一笑。每当看到她，我都走到马路另一边，不去阻挡她的脚步。她总是身着得体而旧式的衣服——宽松外套、红色短裙和一顶钟形帽,并且配以适宜的妆容，举手投足间尽显优雅。”

读这段话时，你的脑海里浮现出的画面，想必也是一个努力让自己保持完美状态、优雅从容的女性形象，至于她身上那件“旧式的衣服”，不会成为减分的因素，也不会让人感到寒酸，或是不体面，反倒让人觉得那身装扮就是她本来的样子。

皮克·菲尔在《气场》一书中，曾给出这样一条建议：“不管是出席会议，还是参加普通交际活动、酒会、商务会谈，都要将自己认真地收拾一番，换一身最合适的衣服，以最

贴切的形象出场，这是我们都必须做的功课。”

请注意，这里有一句话很重要的话——“换一身最合适的衣服，以最贴切的形象出场”。这里涉及一些选购衣服的原则，可以作为日常参考：

原则1：选购的衣服要适合自己

一个人的气质和风格，是由服装的样式、款型、质地、色彩，以及穿衣者的文化素养、精神面貌、着装环境等多种因素糅合在一起，表现出来的一种意境。

原则2：社会规范与市场规范皆适用

不少人在穿衣购衣方面都有过这样的纠结：这件衣服，很适合穿着跟朋友一起约会聚餐，但要是跟公司客户聚餐，它还合适吗？是不是还要另外选一件呢？

在行为经济学中，和朋友的关系不能用金钱衡量，因而交友关系属于“社会规范”；工作关系大部分都与金钱有关，因而商务关系属于“市场规范”。两种价值观难以共存，这就使得不少人在选择衣服时格外纠结。由于想取得二者的平衡，购买的衣服自然就多了起来。

为此，在买衣服之前，要认真思考一下：这件衣服“社会规范”与“市场规范”两者皆适用吗？家里现有的哪些衣服可以与之搭配，让它呈现出两种风格，符合场合与形象所需？

原则3：遵从自己的内心喜好

如果一件衣服，在版型设计与色彩上很适合自己，也适用于不同的场合穿着，是否就值得购买呢？不，购买衣服还有一个很重要的原则——遵从内心，选择自己喜欢的主题风格！

假设你追求素简的生活方式，也热衷于简约款的衣服，那么，你就可以选择与之相应的棉麻质地、黑白灰或大地色系的风格，圈定主题风格的好处在于，统一穿衣风格，突出个人品位，且可以提升单品的重复使用率，降低搭配难度。

总之，在面对变幻莫测的众多服饰时，我们当保持清醒和理智：不求最时尚，不求多昂贵，但求穿自己想穿的、适合自己的衣服，且尽量保证私人与商务场合兼用。如此一来，衣服就不会随意增多了，也可以避开“翻箱倒柜却无衣可穿”的烦恼。

带好5件物品，3分钟稳妥出门

生活若有原则可以参考，

若能走向无须思考的原则轨道，

会让我们感到轻松许多。

生活中，每个人都难免会遇到这样的时刻：

午后正准备休息时，忽然接到家人或朋友打来的一通电话，告知有要紧的事情，让你立刻赶过去。听到这一消息，你本能地感到一阵紧张和焦虑，甚至有点不知所措。一方面，你恨不得自己马上就能利落地奔出家门；另一方面，你又在焦虑要带哪些东西，生怕人走出了家门，重要的东西却没有带，那简直就是火上浇油、雪上添霜了。

这个问题，曾经困扰过我，告诉我解决方法的是一位专注于生命教育的心理老师。

当时，老师给我讲述了一个现实案例，情节和上面的状况如出一辙：一个北漂的男生，接到父亲病危的通知，要立刻赶回老家，和父亲做最后的道别。时间耽搁不起啊！这个时候，男生很慌张，他还要回去收拾行李吗？面对这样的状况，最需要带的是哪些东西？

我想到了不少东西，而老师告诉我的答案，却只有五个字——身、手、钥、线、钱。

1.身份证

这是个人的身份证明，无论是坐火车、坐飞机，还是住宿，它都是必需品。

2.手机

手机是现代人不可或缺的通信工具，它能帮助人们第一时间联系到需要找的人。更重要的是，在电子支付时代，手机就相当于我们的“全部身家”，有了它可以满足我们的吃饭、住宿等消费支出，还能在陌生的地方作为地图导航。

3.钥匙

为什么要强调钥匙？出门的那一刻，你必须保证钥匙在自己身上，最糟糕的状况就是，一转身锁了门，发现钥匙丢在里面。这就等于，把自己锁在了门外，万一有东西没有带，想进去就很麻烦了。

4.充电线

网络上盛传一句话：“手机有电、卡里有钱、车子有油，这就是安全感。”

没有电的手机无异于“废品”，出门的那一刻，一定要带上充电线。现在很多公共场所都有充电宝出租，火车上也有充电插座。万一手机电量不足，还有办法补救。如果没有充电线，一时间很难买到，向周围的人借用也不一定能保证型号匹配，会是一个巨大的麻烦。

5.钱

尽管现在是电子支付时代，但很难保证你所到的每一个地方都可用，万一到了小地方，只能用现金，手里还是要有准备。有微信和支付宝，也有必要的现金，两手准备最安心。

如果碰到特殊情况，没有太多时间留给我们思考要带什么，那就记住这五个字——身、手、钥、线、钱。出门之前，清点一下这些物品是否都带了。如果确保它们都在身上，就不需要提心吊胆了，后续需要的东西，总有时间去找补。

轻装上阵，别把旅行搞得太沉重

给行李箱和内心都腾出一些空间，
好好享受旅途才是最重要的。

《围城》里有一段话被广为传颂：“旅行时最劳顿麻烦，叫人本性毕现。经过长期艰苦旅行而彼此不讨厌的人，才可结交做朋友。”抛开婚恋的话题不谈，就以旅行这件事为例，同行的伙伴确实要有相似的生活观、价值观，否则的话，旅行就会变成折磨人的煎熬。

去年，陈冉和表妹出游过一次，她至今想起来还有点儿懊悔。

当时的计划是短途自驾游，行程2天左右。不承想，表妹就像搬家一样，把后备箱塞得满满的，大到被褥小到饰品，看得陈冉头大。到了旅店，光卸物品就花了近40分钟。房间本就不大，将表妹带的东西都放进去后，基本上就没下脚的地方了。

最麻烦的是离店时，提前2小时就要收拾东西，而且回去时的物品比来时更多，表妹在当地买了一堆的东西。陈冉不好意思站在一旁看着，只好帮表妹一起收拾。最后，不仅后备箱被塞满了，就连后排的座位也被物品占据了。

陈冉与表妹平日里关系还算不错，但这次的经历让她认识到，她和表妹对旅行的认识和追求的体验是完全不一样的，不适合一起旅行。表妹希望出门在外还像在家一样生活，去尝试各地的美食，再把喜欢的东西都买回去；而陈冉想要的是，在游玩的途中沉浸于当下，体验人与景物的深度融合。

说起一次旅行要带多少行李的问题，没有确切的答案，有的人出门要拖上几个行李箱，有的人背一个包就可以走很多地方，而更多的人可能介于两者之间：在旅行的前一天开始收拾行李，总觉得很多东西都要带，好不容易整理出了一行李箱，觉得万事大吉了。结果，出门后又想起来，好像还是落了东西没带；要么就是带出去的物品，不少都被压在箱底，在旅行中压根就没有拿出来用过。

我所理解的极简生活，是通过切断、舍弃、远离生活中那些非必需的人、事、物，看清生活的本质，全身心地投入一种更自我、更愉悦的生活中。在旅行这件事情上，携带有限的物品，选择适合的出行搭档，在我看来都是至关重要的。无论是过剩的物品，还是无法同频的搭档，都会让旅行的体验大打折扣。

有关极简旅行，我总结了一些心得，在此做一个简单的分享：

1.简行李：只带必需的行李，双肩包更实用

出门肯定少不了行李，可是，该如何判定行李多少呢？

一人一个旅行箱，一个双肩包，装满即可。有了固定的容积，自然就会下意识地精挑细选。通常来说，必需品就是身份证、手机、充电线、钥匙、现金、洗漱用品、水杯、雨伞、需换洗的袜子和内衣裤，外穿的衣物酌情准备，先以满足功能性需求为主。

比如，打算要去高原地区，防寒保暖的冲锋衣是必备的，至于漂亮的衣物，可作为次要的需求。重要的物品随身携

带，双肩包容量大，且比单肩包背起来轻松，适合旅行。

2.简行程：随心自由行，少而精地游览

条件允许的话，最好选择自由行，近途的话可以选择自驾。

跟团游的体验相对差一些，行程通常安排得很满，走马观花式地去不同的景点。有些真喜欢的地方，停留的时间太短，容不得好好感受一番，就要被催促着离开；相比之下，自由行要舒服很多，不一定要去多少个景点，一天只游览一处景观，全身心地去体验，就是最大的收获。

3.简饮食：少碰油腻，注重卫生与健康

我去贵州侗寨玩时，吃了当地比较油腻的火锅，饭后又吃了不少水果，结果导致腹泻两天，严重影响了旅行的质量。之后，我就长了教训：旅途中尽量吃干净的、清淡的食物，保证卫生与健康，避免类似的情况再发生。

4.简心情：多感受，少拍照，少闹情绪

旅行是为了获得不同的体验，而不是为了换一个地方生气。既然暂时把工作、学业和牵绊都放下了，那就安心享受世界的美好，享受和亲近的人在一起的珍贵时光。在旅途中，偶尔发生点意外状况很正常，不要因观点不同而争执，更不必为小事较真，生活和旅行是一样的，都需要有耐心、相互包容。

在美景面前，多用心去感受，让身体亲近大自然。切忌把所有的时间都用在摆拍上，既浪费时间，也辜负了美景。如果只为了在社交平台晒照片，让所有人都知道自己去了什么地方，那就失去了旅行真正的意义。

5.简购物：舍弃纪念品，只选喜欢的食品

以前，我会在旅行中买一些纪念品、特产、手信，可是买回来的那些东西大都被压了箱底、落了灰，没办法让它们在日常琐碎的生活中保持较高的出镜率。到后来，我也就不再轻易购买了，唯一会少量购买的是自己喜欢的快消食品，比如茶、咖啡、奶酪等，这些东西从入手的那一刻起，就可以发挥出价值。

极简旅行和极简生活一样，剥离了那些非必需的物品，我们更能认清旅行的本质，感受旅行本身带来的冲击与享受，并感受到自己的微妙变化。也许，一两次的旅行无法让我们产生质的蜕变，但有了这样的理念，就会在“下一次”出发前，让自己汲取经验，获得更好的旅行体验。

需节省时间之际，不要吝啬金钱

践行极简生活的最终目的并不是省钱，
而是把时间和精力用在更有意义、更有价值的地方。

在践行极简生活的过程中，总会有一些问题让我们感到困惑，不知道该如何抉择。

公司给若凡安排了新的任务，工作难度大，时间又很紧张。连续一周，若凡既要为工作的事情费脑筋，还要兼顾家庭和孩子，明显感觉体力不支。她一向主张自己在家做饭吃，可是最近的生活节奏，实在让她疲于应对，没有心思好好做饭。她想到用点外卖的方式解决晚餐的问题，可这似乎又跟她所理解的“极简生活”不相符。

在若凡看来，自己做饭、减少外食，也是极简生活的一部分，且不说健康，单纯从成本的角度来看，在家做饭远比外食要省钱。现在，要打破原来的规则，着实让她有点不悦，且要保证吃得营养健康，就意味着要花费更高的价格，选择更好的餐厅与食材；可如果不这样做，自己要消耗的时间和精力又太大了。

其实，不只是践行极简生活的人会有这样的困惑，很多人就“点外卖”和“自己做饭”的问题都存在选择困惑，且不同的人有不同的看法。有人觉得，自己做饭经济实惠，吃得又健康；有人觉得，叫外卖节省时间和精力，省下来的工夫可以去处理更重要的事。

两者说得都有道理，各有各的立场，我们该如何判断哪一种选择更适合自己呢？

经济学提醒我们，权衡取舍时要考虑机会成本，而机会成本中涵盖着时间成本。选择自己做饭，还是选择叫外卖，不能单纯地从“一顿饭的价格”上考虑，更要考虑时间价值。虽然时间对每个人都有价值，但它对每个人的价值是不一样的。

若凡是公司的项目主管，以目前处理的项目来看，她每小时的价值是300元。这样计算的话，她自己动手做一顿饭要花掉300元的时间，加上原材料的准备和饭后洗碗收拾等时间，最快也要2.5小时，而叫一份食材上好的外卖花费在200~300元。

这样算来，做一顿饭俨然要比叫外卖贵得多，所以若凡在工作繁忙的这半个月内，自己做饭是不太划算的，且很耗散精力。如果将做晚饭和收拾的时间留给伴侣和孩子，既能减轻压力和疲惫，还能对情感精力进行补充，有助于第二天以更饱满的状态去应对工作。

人与人之间的时间价值不等价，就会产生机会成本，而机会成本的存在就是人与人之间进行交易的前提。正因如此，随着时间价值的上升，不少人开始通过购买的方式来满足自己的部分需求，以此来节省稀缺的时间，提高办事效率，换取更多灵动的自由。

极简生活，并不是一味地省钱，坚持某一固定不变的规则，而是根据实际情况适当调整，做出取舍，最终实现有更多的时间与空间去做更重要、更喜欢的事情。

心存敬畏，认真对待每一份食物

你和食物的关系，
就是你和万物的关系。

听到“唯爱与美食不可辜负”这句话，很多人不禁萌生用美食犒劳自己的想法：

——“旅行，就是要吃遍天下的美食。”

——“最钟爱火锅，辣辣的那种，今天要吃个够。”

——“即便没人陪，也可以用各种好吃的满足自己。”

——“还剩下这么多菜，不能辜负了它们。”

也许，你还可以补充更多的情景，因为它们就真实地发生在我们身边。

我们时常以为，不辜负美食，就是要尝遍天下所有的美食；或是只按照口欲来选择食物，喜欢的东西就尽情地吃；施行“光盘”策略，不让盘子里剩下任何食物……这真的是敬畏食物、不辜负美食的全部内涵吗？我想，不止于此。

日本女导演河濑直美拍摄过一部影片名叫《澄沙之味》，其中有一段制作红豆沙的情景，最打动人心，她把对待食物与对待人生的态度巧妙地融合在一起。影片中，老人教铜锣烧店的老板制作豆沙馅料，她一颗一颗地淘洗，仪式感十足地等待豆子浸泡数小时，聆听它们在水中翻滚的声音……与其说这是技巧和经验的传授，不如说是一次禅修与悟道。

把食材视为有生命的事物，细致认真地去制作，不敷衍、不糊弄、不贪快、不图多，只求最终做出来的东西，能让食材发挥出它最大的价值。用最简单的话来说，让每一种食物，让每一道食品，都呈现出它应有的样子。

或许，我们没有那么多的时间精力像匠人一样去熬红豆沙，但我们可以选择用其他的方式，认真对待眼前的每一份食物，不辜负也不浪费。

1.不囤积食物，尽量保证少而鲜

以前去超市购物的时候，我总喜欢买出一周的量，赶上有特价的商品，更觉得划算。现在回想起来，完全是一种错觉。事实上，囤积的食物并不一定能全部吃完，很多都是囤在冰箱里坏掉了，最后被丢进垃圾桶。特价商品买的时候便宜，但放置期限更短，囤积更是错误的选择，除非家里人口多，第二天可以全部吃掉。

现在我已经改掉了囤积食物的习惯，若非必要，就买上一两天的量。每一顿饭，就只做这一顿的量。这样的话，每一种食物都能被端上饭桌，每一顿饭吃到的都是新鲜的美食。

2.点菜以够吃为准，需要再添加

外出吃饭是现代人不可避免的一项社会活动，如果不是特殊的商业活动，只是和亲近的人外出就餐，点菜时尽量克制

“一次多尝几个菜”的想法，根据就餐人数、菜量大小，点够吃的菜量，尽量不剩菜、不打包，如果感觉不够，可后期再添加。这样的话，也可有效避免浪费，且不需要在下一顿时吃不新鲜的食物。

3.细嚼慢咽，认真品尝食物的味道

有本书叫《学会吃饭》，很适合想要减肥和改善饮食习惯的朋友，它提倡的是“正念饮食法”，即让我们停下来、培养知觉、感受当下。不辜负食物，不在于吃多少种类，吃多少量，而在于品尝它的味道，让每一份入口的食物，都能在味蕾中停留，散发出绵长的满足感。

以最寻常的米饭来说，你能否在吃第一口饭的时候，触到它的温度，嗅到它的饭香味，感受到它的软硬度，以及米饭本身的香甜味道？当我们这样做的时候，就在改变那些不好的进食习惯，如暴饮暴食、狼吞虎咽等。食物带来的满足感不会一直持续，当你感觉到十分钟以后，咀嚼的米饭没有之前那么“好吃”了，那就说明你已经解决了饥饿的生理问题，它在提醒你，是时候放下筷子了。

4.清淡烹饪，品尝食物本身的味道

几乎所有人都知道，吃清淡的饮食对身体健康有益。只是，对于清淡二字的理解，不少人还是存在误区的，认为清淡就是——只吃菜、不吃肉，一日三餐都要食素，且菜还只吃水煮的，不加任何的油和盐。其实，这是曲解了清淡的真意。

清淡，不单单指食材的种类，还包括食材的烹饪方式。

鸡胸肉的蛋白质含量较高，水煮鸡胸肉配上菜与油醋汁，做成一道沙拉，依旧属于清淡的饮食。如果用大量的油去炒青菜，这样的青菜也不算清淡的饮食。

真正的清淡，是指在膳食平衡、营养合理的前提下，口味偏于清淡的饮食方式。

这也符合极简的理念，减少炒、爆、煎、炸、烤等烹饪方式，尽量选择清蒸、白煮、凉拌等，少加调料，让所有的食材都保持最本真的风味，保留最大的营养价值，降低脾胃消化的负担。这样的饮食，更能给人带来祥和、宁静和健康。

身体犹如一间屋子，食物是维持生活的物品，从这个角度来诠释，多真的不意味着好，选择自己真正喜欢的、需要的、能承受的，好过无意义地囤积。唯有认真对待每一份食物，感受到它的价值所在，才是对食物真正的热爱与不辜负。

PART 3

精神极简

把精力留给有价值的事，
减少无谓的内耗

如果一个人太看重物质享受，
就必然要付出精神上的代价。

—— 周国平

陷入精神内耗，即使躺平也会觉得累

一个失落的灵魂能很快杀死你，
远比细菌快得多。

极简，不仅是物欲的降低，更是精神上的净化。

每个人的精力都是有限的，对精力消耗最大的往往不是来自外界的人或事，而是自己的情绪内耗。人在自我控制中需要消耗心理资源，当资源不足时就会处于内耗的状态。所以，长时间沉浸在负面情绪中很容易令人感到疲惫，这种疲惫并非身体劳累导致，而是一种心理上的主观感受，是个体在心理方面损耗导致的一种状态。

丹麦有一项研究，从2000年开始启动，历时11年之久，受试者为9870名成年人。结果发现：常因夫妻关系出现情绪困扰的人死亡率增加1倍；常因亲子关系焦虑的人死亡率增加0.5倍；常与家人吵架的人死亡率增加1倍；常与邻居争吵的人死亡率增加2倍。

在短期的时间内，我们可能觉察不出持续的负面情绪对身体造成的严重伤害，但我们依然会出现一些不好的体验，比如：头痛的频次增加，颈椎和后背感到疼痛；无法集中精力工作，经常感到心神不安、焦虑急躁；跟周围人沟通时动不动就发脾气，说出一些难听的话；尚未开始一天的工作，就已经感觉精力不足了。

与其被精神上的内耗折磨，不如学会与负面情绪和解，用行动去治愈自己。

人们常说，“懂得控制情绪是成熟的标志之一”，遗憾的是，很多人曲解了“控制”的含义，把它理解成“忍耐”和“压抑”，甚至认为能忍是内心强大的表现。

殊不知，情绪是一种能量，若不能以正确的方式释放出来，就会堵在身体里。也许能够挡住一时的水流，可当负面的情绪越积越多，终会突破堤坝，泛滥成灾。

世界心理卫生联合会曾指出：80%以上的人会以攻击自己身体器官的方式来消化自己的情绪。身体是心灵的一面镜子，它会如实地储存我们过往的所有经验，而其中那些愤怒、痛苦、悲伤、焦虑、压抑等负面能量，就会不断地攻击我们的身体，最终造成伤害，出现病痛。

没有人不会在生活中动怒，但不是每个人都会让愤怒、失控的情绪以最糟糕的方式跑出来伤人伤己。我们要学会的是，控制冲动化的行为，用恰当的方式、向恰当的对象、恰如其分地表达自己的真实感受和需求。

心理学家赫洛克认为，一个人情绪成熟通常要符合四条标准：

第1条：保持身体健康。对于因失眠、头痛、消化不良等疾病引起的情绪不稳定，有很好的控制能力，能管理好身体，正确对待疾病。

第2条：有行动控制能力。能考虑到行动的后果与社会的限制，不是想干什么就干什么。

第3条：消除紧张的情绪。不盲目压抑情绪，变不利为有利，让其朝着无害的方向转化。

第4条：对社会有洞察力。通过自己的分析思考，对各种社会现象做出较为正确的判断。

赫洛克还提出，一个人的情绪成熟与否，也可通过以下五个方面来作出判断：正常的情绪状态、对他人情绪的态度、对爱情的接受能力、较高的欣赏能力和表示敌意的能力、对自己情绪的态度。结合这些标准与事项，扪心自问一下：你是否能够正确有效地处理好自己的情绪？你的情绪是否成熟？

如果基本符合，那么恭喜你，没有让负面情绪消耗你；如果有所欠缺，也不要着急，意识到了就是改变的开始。管控情绪不是一天两天就可以完成的事，要经过一些事情的磨砺和淬炼，也要有自我更新和成长的意识与欲求。或许会有一点艰难，却是相当值得的选择。你用什么样的态度面对自己的情绪，直接决定了你会成为怎样的人，过怎样的生活。

你不可能也不必赢得所有人的好感

不要试图把所有的事情都做到极致，
也不要试图让所有人都喜欢自己。

受成长环境或自身经历的影响，每个人都可能会被一些固有的思维方式和行为模式束缚，这也是人格特质的体现。很多时候，精神内耗也是由此产生的，比如试图让所有人都喜欢自己，赢得所有人的好感，就是对自我的一种极度苛求。

日剧《无法成为野兽的我们》的女主角深海晶，是一家普通公司的营销助理，拿着微薄的工资，却包揽了公司上下所有的事务。周一早上6点半，刚被闹铃叫醒，睡意还未散去，深海晶就被老板的连环短信轰炸，追问项目的进度，安排周内的工作。她的住处离公司很远，要在拥挤的电车里晃晃荡荡地站2小时，即便如此，她还是要第一个到达公司。

紧绷的状态，从走进公司大门的那一刻起，就开始了。她要为准点到公司的老板冲咖啡，第一时间递到对方手中；要帮同事修改工作文件，着手全新的策划案；在怯懦无能的新同事被老板狠批的那一刻，主动替他扛下任务，消除老板的怒气，缓解尴尬的气氛。

仅仅这些还不够，老板的秘书辞职后，尚未有新人填补空缺，安排出差事宜、应酬的餐厅等秘书的工作，被老板顺手推到了深海晶的身上；明明不是她负责的项目，也要让她按照合作方提出的要求来修订，理由就是负责项目的新人能力不够，且这个责任归咎于深海晶没有把他教好。旁观者都看得出来，那个新同事分明就是一枚废柴。即便如此，深海晶在老板眼里，也不过是“普通水平”的廉价劳动力而已。

为废柴新同事背锅，被偷懒的旧同事无偿利用，为讨好客户自掏腰包，深海晶全都默默地忍了下来。即便内心有一千个一万个不愿意，她还是每天挂着灿烂的微笑，努力让自己看起来元气满满，把所有事情都按部就班地处理好，维系着“完美老好人”的样子。

以上所述种种，不过是剧中的凤毛麟角。从工作到生活，深海晶没有一刻不是“丧”的，而她却用假笑掩盖自己真实的感受，唯一的排解方式就是跑到附近的小酒馆，喝上一杯啤酒，默默消化自己的苦闷。多少屏幕外的看客都替她憋屈，忍不住感叹一句：活得真累啊！

深海晶想用一张“假笑”的面具赢得周围人的好感与认同，结果换来的却是轻蔑和不在意。生活本已压力重重，令人不时地产生疲于应对之感，再耗散大量的精力去揣测别人、讨好别人，独自吞咽压抑和不适，未免太过辛苦。

人生不是用来讨好别人的，谁也没有本事赢得所有人的好感，过度的卑微与讨好，只会加深对自己的伤害。剧终之时，女主角深海晶走出了心理的牢笼，开始去过她真正想要的生活。她认清了一个真相：活着不是为了养他人的眼，而是为了养自己的心。一个人只有知道了什么是自己需要的，什么是不重要的，才能够心安地走向更舒展、更有活力的人生。

精神上的自由，往往是从割舍开始的

留出更多的精力与热情，
去面对自己热爱的事物。

马莉一直从事财务工作，认真谨慎的她深得领导信任。可是，有了孩子之后，她的精力明显感觉不足，家里的老人年岁大无法帮忙照看孩子。无奈之下，马莉只得做出“牺牲”，放弃了事业，回归了家庭。对于这件事，有人替马莉感到不甘，也有人冷嘲热讽：“你不是说永远都不会做家庭主妇吗？现在怎么突然想开了……”

听到这些声音时，马莉起初还想解释，可后来觉得，对于不理解自己的人，说什么都是浪费。现在的决定，是她仔细权衡之后做出的，事业固然重要，可在当下的人生阶段，她更想在孩子最需要自己的时候，陪伴他一起成长。

精神上的自由，往往是从割舍开始的：看清现阶段对自己而言最有价值的东西，适当地做减法，保留并认真对待自己认为值得的人和事。

人生中有些抉择无法用对与错来评判，尤其是关乎内心、关乎感受、关乎价值观的问题，这些东西都是主观的。精神上的极简，就是让我们更多地跟自己相处，认识自己、了解自己、接纳自己，不活在他人的期待中，心安理得地做真实的自己，遵从内心的声音做选择。

生活就像是一本书，每个人都将用生命填满它的内容，而在那些空白的地方，难免会看到别人的评论。也许，别人的只言片语不过是善意的提点，根本无须多心；就算是恶意的评判，那也不必太在意。

别人不是你，不知你走过的路、经历的事，所有的评价与指责，也不过是他们个人的一点看法，并非真理。一味地将别人作为自己生活的主角，生活的基调也就不是自己所喜欢、所向往的了。简单一点，走自己的路，看自己的风景，明白自己在做什么，享受自己的选择。

和大多数人不一样，也没什么关系

人生从来没有标准的模板，
有的只是约定俗成的观念。

如果你看过潘婷在泰国的广告片，一定记得这两句颇有深意的台词：

——“为什么我和别人不一样？”

——“为什么你要和别人一样呢？”

对小提琴情有独钟的聋哑女孩，深受街头小提琴卖艺老人的鼓舞，报了音乐培训班，结果遭到了所有同学的奚落。残酷的现实把女孩的梦想击得粉碎。在回家的路上，女孩再次遇到老人，她哭着问老人：“为什么我和别人不一样？”老人反问她：“为什么你要和别人一样呢？音乐是有生命的，闭上眼睛用心去感受，就能听见。”

女孩放下了所有的顾虑，迎着众多轻蔑的目光，心无旁骛地练琴。多年后，在一次青年古典音乐大赛上，女孩以一首《卡农》震惊了在场的所有人。那一刻，她回想起以往的苦难与屈辱，早已是云淡风轻。

走出这段广告片，联想到现实生活，再重新品味那两句台词，感慨颇多。

很多人之所以活得辛苦，就是因为思虑过度，害怕游离在大多数人之外，不敢遵从内心的声音去选择，不敢选择“非常规”的活法，害怕被视为扎眼的另类，怕承受外界的舆论非议和异样的目光。不想背负额外的压力，索性就违背内心，走多数人走的路。

这条路看似是安全的，可真的好走吗？

现实的情况，不仅没有想象中顺畅，反而更艰难。

步履匆匆地追赶着所谓的幸福，过着身不由己的日子；为了赢得别人的好感，小心翼翼地藏起自己的委屈……越走越迷茫，越走越疲惫，找不到动力和方向。当有一天，想要发出自己真实的声音时，猛然发现，已经没有开口的勇气和能力了，只能继续做一个虚无的影子。

金正勋在《不谄媚的人生》里说过：“生活每天都充斥着各种各样的选择，最可怕的是不知不觉中已然放弃了对自己、对生活的警醒和觉察，任由别人灌输的信念和过去的惯性来支配自己的生活。人生最悲凉的笑话，莫过于用尽毕生努力成功地成为别人。人只有一辈子，为自己而活才是最大的奢侈。”

生活终究是自己的事，想以怎样的方式走完一生，也是自己的事。性情与生活都需要一点个性，必要的时候需要他人的指点，但不需要他人的指指点点。可以有自己的想法，也有权利过自己想要的生活，不一定非要成为大多数人，去完成世俗观念里的某一套流程。

做真实的自己，有被讨厌的勇气

极简的生活方式，
是扎根于生活中的修行，
是对自由的再定义。

看过《百家讲坛》的朋友，对易中天教授肯定不陌生。他的演讲风格就是干脆利落，绝不拖泥带水，说话斩钉截铁，且声情并茂，有一种大师的魅力。他从来不特意去迎合某些人的品位，而是以独特的风格吸引人。

稻盛和夫在《活法》里讲过“决不随波逐流、死守原理原则”：面前有两条路，选哪一条？当你彷徨时，我劝你摆脱一己的私利，选择那条“本来该走的路”，即使是一条布满荆棘的路——勇敢地选择“不圆滑”“不得要领”的生存方式。

科普作家阿西莫夫专注于写作，一生的著述近500部，将教授的职位抛掷脑后。有人说他“自我膨胀得像纽约帝国大厦”，可他的回应却是“除非有人证明我说的仿佛很自负的事实不属实，否则我就拒绝接受所谓自负的指责”，而后继续坚持按照自己的方式做事，毫不谦虚。事实上，他坚持自我狂妄的个性，仍具有巨大的令人信服的力量。

这大概就是极简主义者的共性吧！做自己认为正确的、有益的事，别人做与不做，喜欢或不喜欢，与自己无关，也不影响自己的选择。当一个人与真实的自己背道而驰，逼着自己戴上虚伪的面具，去迎合不喜欢的生活，做不喜欢的事时，就会陷在“表面美好”与“内在拧巴”的冲突中。

做真实的自己是有代价的，那就是会被人讨厌。

没有人希望被人讨厌，或是故意招人讨厌，这是人的本能倾向。然而，生活不可能尽如人意——让我们在自由地成为自己和满足他人的期待之间，实现完美的平衡。更多的时候，我们需要做出选择：要过被所有人喜欢的人生，还是过有人讨厌自己却活得自由的人生？更在意别人如何看待自己，还是更关心自己的真实感受？

如果只图他人的认可，就得按照别人的期待生活，舍弃真正的自我；如果要行使自由，就得有不畏惧被讨厌的勇气。当然，这绝不是主张我们做一个任性自私的人，而是让我们将自己和他人的人生课题分离开来。

你可能也想过一个问题：为什么有些人不怕被讨厌？哪怕

是挨了白眼、遭到反对，也能够强大到坚定自己的选择，不委曲求全？究其根本而言，是因为他们深刻地理解——哪些事情是自己的课题，哪些事情是别人的课题。

选择自己感兴趣的职业、坚持自己认可的不婚主义、拒绝令自己感到为难的请求，这些都是自己的课题，我们该做的是诚实地面对自己的人生，正确处理自己的课题。至于父母对自己所选的职业是否满意，周围人怎样看待不婚主义者，被拒绝的人会不会对自己心生嫌隙，那都是别人的课题，我们无法左右，更无法强迫他人接受我们的思想言行。

“不想被人讨厌”是自己的事，“是否被人讨厌”是别人的事。内心强大的人，在两件事之间划清了界线，虽然不想被人讨厌，但即使被人讨厌也能接受。正是因为有了这样的勇气，才让他们在人际关系中变得轻松和自由，敢于活成真实的自己。

拒绝那些让自己勉为其难的请求

放弃不能带来效用的事物，控制徒增烦恼的精神活动，从而获得最大的精神自由。

已经连续一个月没有休息过的小莫，好不容易碰到一个不用加班的周末，就想在家好好待一天。没想到，好哥们儿打电话过来，让他帮忙去做一个程序。小莫真心不想动，可是哥们儿难得开一次口，还提前订好了吃午饭的餐厅，小莫实在抹不开面子。

晚上吃完饭回来，小莫深感疲累。虽说做个程序不太麻烦，可是吃饭、聊天、往返路程也耗费体力和精力。然而，想起帮哥们儿做完那个程序后，他拍手叫绝的样子，小莫心里还是挺欣慰的。起码，他觉得自己在朋友那里还是有价值的，也不算白忙活。

这样的情形，不止一次出现在小莫的生活中。

远道而来的同学到了小莫所在的城市，邀请他共进晚餐，并告知明天一早就要离开。小莫刚出差回来，想在家休息，可碍于面子只能去赴约了。同事找小莫帮忙，他心里不太愿意，却总是不好意思拒绝。为了缓和心理上的失衡，他只能默默安慰自己：既然改变不了处境，那就改变一下心境吧！毕竟，帮助别人落个好名声，就算身体累一点，也是值得的。只可惜，这种安慰，仅仅是短暂的精神胜利，他并不喜欢自己这样的做法。

极简，需要断舍离，而拒绝也在其中。想让生活变得轻松、简单，就是要保留自己真正需要的东西，知道什么事情、什么人对自己而言是重要的，同时拒绝和舍弃那些不必要的事物与关系。拒绝，是简化生活的关键习惯，不懂拒绝就无法割舍，无法割舍必然多些混乱。

在面对他人的请求时，切忌不考虑自身情况，违背内心的意愿去应允。要多进行分析和衡量，那些让自己感到为难的请求，完全可以拒绝，你也有权利拒绝。不要担心拒绝会伤害彼此的关系，真正关心你、值得交往的人，会尊重你的决定，也会理解你的难处。

瑞·达利欧在《原则》中说过："当你培养人际关系时，你的原则和别人的原则将决定你们如何互动。拥有共同价值观和原则的人才会相处融洽。没有共同价值观和原则的人之间将不断产生误解和冲突。"任何时候，尊重自我都不为过，而那些真正信任和尊重我们的人，也不会因合理的拒绝而恼火。

今后，再遇到让你勉为其难的请求时，就清清爽爽地跟它们告别吧！人是难以欺骗自己的，就算当时违心地选择了接受，内心的不情愿也不会放过你，它会不时地搅乱你的安宁，而你原本不必承受这样的精神内耗。

少关注他人，把注意力用在自己身上

极简的生活方式，
是扎根于生活中的修行，是对自由的再定义。

这个世界上其他任何一份工作，如果你想的话，都可以找到“偷得浮生半日闲”的时刻，唯独“全职妈妈”没有这样的机会。特别是在孩子小的时候，更是对体力、精力、心理的巨大考验。对门邻居家的女主人，正是一位全职妈妈。

刚搬到这里时，我就被她的热情打动了，她告诉我附近哪家店买东西最实惠，上下楼居住的邻居都有谁，做什么工作，等等。不过，认识的时间久了，我就开始下意识地避免和她聊天，通常打个招呼就过去了。

至于原因，是我发现这位妈妈太喜欢关注他人，习惯以这些事作为聊天的话题，且很喜欢对事件的主人公进行各种道德评判。大约是性格和工作原因使然，我不太喜欢凑热闹和闲聊，人多了，听到的信息多了，会觉得大脑比较乱，很难一下子静下心来。

我很欣赏邻居热情的生活态度，可是为了保存有限的精力，用来完成给自己安排的既定任务，我还是主动选择了与她保持距离，减少不必要的闲聊。

关注任何一样东西都要消耗精力和时间，过度关注别人的生活，就是在虚耗自己的能量。

一位作家在某档演讲节目中，谈到过这样一件事：

有几年的时间，他一直在寻访世界古文明遗址，在即将走完全程的时候，一位传媒公司的总裁对他说："最后一站，我陪你走吧！"

在寻访古遗址期间，由于客观条件的限制，作家无法看电视和报纸，根本不知道这几年世界发生的变化，借助这个机会，他也希望这位总裁给自己补补课。没想到，这位总裁只用了不到十分钟的时间，就把这几年世界发生的事情讲完了。

作家觉得很诧异，不敢相信就只有这些，但对方告知，就只有这些。接着，作家又让他讲一讲中国在这几年里发生的事，结果对方只用了五分钟就说完了。

传媒总裁看到作家的脸上流露出失落的神情，补充了一句话："绝大部分的事情发生后的第二天，我就连再讲一遍的兴致都没有了。"

听完这句话，作家瞬间释然了，并在心里暗自庆幸："我这几年不管不顾，看来并没有损失什么。专注于喜欢的事情，反倒收获了不少的快乐。"

连岳说："对他人的私事不关心不介入，允许他人的道德观、生活方式和自己不同，将消除世上90%以上的烦恼。"

我很认同这句话，每天发生在我们身边的99%的事情，对于我们而言都是毫无意义的。那些既不重要也不紧急的事，那些与自己毫无关系的人，不值得为此耗费宝贵的精力。把关注点回归到自己身上，把大部分的时间和精力倾注在1%的美好人事物上，才能收获一个属于自己的、高性价比的人生。

在快速与缓慢之间找到一种平衡

停止疲于奔命的时候才会发现，
生活中还有许多没有被发掘出的美好。

有半年左右的时间，林凯因为一项工程，生活完全被工作侵占了，每天早起晚睡，脾气异常暴躁。待工程结束后，他没有感到轻松和喜悦，而是感到一阵难过：当生活里只剩下完成工程这一件事情时，“我”在哪儿呢？是的，他把自己弄丢了，他为此而难过。

在这个凡事讲求快速的现代社会，每个人的脚步都像是时钟上了发条，分秒不停地向前奔跑。成年人串场于各类觥筹交错的饭局，周旋于高谈阔论的聚会，争先恐后地加入考试考证的行列；爱玩的孩子没了周末，要学英语、数学、才艺……所有人的日程被排得满满当当，身心却越来越郁郁寡欢。

我们总觉着，多辛苦一点就能早点实现理想，早点开上自己的车子，住进舒适的房子，登上高薪的位子。在这种“美好憧憬”的压力下，逼迫着自己每天跑得快一点，再快一点。于是，不再留意春夏秋冬四季更迭的美丽，也不懂欣赏路边开满的花朵，还有秋日里飘零的银杏叶。脸上的表情变得单一和僵硬，该有的微笑全都流失掉了，周围的环境和人群，变得那样陌生，那样浮华与腐朽。

披头士的灵魂人物约翰·列侬说：“人，如果没有时间来慢生活，那么他会有充分的时间来生病。”话说得有点刻薄，却颇有道理。多少不断苛求自己、不断忙碌的人，已悄无声息地丢失了快乐，甚至在微笑的面孔下藏着一颗抑郁的心，何去何从，无人知晓。

极简主义生活的倡导者信奉一点：生活的羁绊，从来都是自己的生活方式造成的。美好的东西，需要慢下来、静下来才能品味出美感，生活也是一样。如果不了解自己的真实需要，盲目地跟随他人的脚步和节奏，追捧世俗中的“成功标配”，就会让自己变成奔跑的“奴隶”，因为一切的努力都不是为了满足自己的需要，而是为了过上别人眼中的“美好的生活”。

别人都认为好的东西，未必真的适合你，你要选择的，是真正适合自己的生活方式。我们不可能让整个世界慢下来，但庆幸的是，我们至少能选择性地让自己的脚步慢下来。这种慢，不是慵懒和拖沓，而是在快节奏的生活中设置减速器和转换器——在快速和缓慢之间找到一种可贵的平衡，找到适合自己的节奏。

缓解精神疲劳，运动是不二之选

运动没有想象中那么复杂，
只要你想去做，随时可以开始。

经历了一天的摸爬滚打，以及神经的紧绷状态，总算熬到了下班点儿。赵锐长舒一口气，可就在起身的那一刻，腰酸、背痛、脑袋涨……全都来了，不是一个“累”字能形容的。

就在这时，赵锐看到微信来了一条新消息，是他办卡的那家健身房的教练，对方热情提醒他：“锐哥，好久没来锻炼了，今天有空过来健身吧！要坚持呀！”

纠结的思绪瞬间侵占了赵锐大脑，他也知道，坚持锻炼对身心有益，可这一天天的，上班已经快把自己累趴了，哪儿还有精力去锻炼啊！

这是一个特别现实的问题，也是困扰着许多职场人的难题：内心有去运动的意愿，却拖不动沉重的脚步，只能感叹“心有余而力不足”。上班累是不可否认的事实，可对于这个问题我想说一句颠覆常规认知的话：上班辛苦也得运动，因为不运动会更累！

为什么这样说呢？累，其实就是疲劳。这是一种很复杂的身体机制，由各种因素导致，目前学界将其分为两类——体力疲劳和精神疲劳。

体力疲劳，是肌肉和躯体经过运动，出现了缺乏能量、代谢废物聚集和一些内分泌变化的情况。运动健身产生的疲劳，大都属于这一类。通过饮食和休息，就可以恢复。

精神疲劳，是人机体的工作强度不大，但因为神经系统紧张程度过高，或长时间从事单调、厌烦的工作而引起的主观疲劳。比如，长时间地写文案、画设计图等，都会导致脑力疲劳，就连长时间打游戏也会引发精神疲劳。

上了一天班，我们感觉累，实际上就属于后者，即精神疲劳。大量的研究和实验证明，适当的体育运动不仅有助于身体健康，还能够让日常工作导致的精神疲劳得到缓解。在同样的条件下，运动比听音乐等方式，缓解精神疲劳的效果更胜一筹。

那么，选择什么样的运动比较合适呢？在没有大块时间的条件下，如何坚持运动？

很多时候，我们把运动想得太复杂、太沉重了。总惦记着每天要特意抽出1~2小时，到健身房去进行锻炼，为此还得做好运动前的准备工作，以及运动后的收拾工作，光是想想，就令人望而生畏了。这也是事实，对多数上班族来说，通勤本就已经很辛苦了，白天的工作又很忙碌，甚至有时还要加班，工作安排不是特别规律。在这样的处境下，很难抽出充足的整块时间去健身房锻炼。

要解决这一问题，比较实际的选择是，让运动这件事变得简单一点、灵动一点：有闲时可以去健身房，忙碌时就考虑间歇性训练，这也是一种性价比很高的运动方式。

间歇性训练是20世纪50年代德国的心脏学家赖因德尔和教员倍施勒提出的，其核心理论就是：在训练中加入休息时间，让身体可以完成高强度的工作。间歇性训练的另一个好处在于，可以增强抗压能力，对压力不会那么敏感，遇到挑战时可以保持从容的态度。因为在平日的训练中，已经把身体训练到时刻备战的状态了。

间歇性训练有很多种，如短跑、爬楼梯、动感单车等，有一些运动软件里也提供了大量的间歇性训练的视频，都可以作为选择和参考。每次只要花20分钟，就可以达到训练的效果，不会耗费太多的时间。

千万别小看这20分钟的运动，它是对身心的一种积极性恢复。当你工作略感疲劳时，或是被某个问题卡住时，相比静坐和躺着，这种方式可以更快地帮你赶走疲劳，让大脑得到休息，为你的精力充电蓄能！

热衷于虚荣与攀比，只会带来折磨

学会以最简单的方式生活，
不要让复杂的思想破坏生活的甜美。

耿定向在《权子·顾惜》中，谈到了一则《孔雀爱尾》的故事：

一只孔雀长着漂亮的长尾，金黄与青翠的颜色交相辉映，那份美丽任何画家都难以描绘。不过，孔雀生性善妒，看到衣着华美的人就气愤不已，追着啄他们。

孔雀很珍爱自己的尾巴，在山野栖息的时候也从不将就，总是先选择一处搁置尾巴的好地方才安身。一日，天空突然下起雨来，打湿了孔雀的尾巴。此刻，捕鸟的人也正朝孔雀的方向走来，而它却还是珍惜地回顾自己美丽的长尾，不肯飞走。

就这样，孔雀被捉住了。

羽毛再美，也敌不过生命与自由。可惜，虚荣的孔雀完全没有意识到这一点，它只懂得开屏时顾盼自雄，向人炫耀天赐的外表，却不知道虚荣终会把自己推向无底深渊。

人一旦在生活中出现了“孔雀心态”，也很容易陷入争强好胜的境地，为了攀比、为了出头、为了炫耀，给自己惹来无故的闲气和无尽的烦恼。很多人并不是在为自己活着，而是为了面子活着，心中的烦恼不是因为真的缺少什么，而是因为“别人比自己好”而产生了心理失衡。少了一份知足和惜福的心态，自然看什么都不满意，怎么活都觉得累。如果能把虚荣和攀比心放下，安心走自己的路，明白每个人的生活都不一样，就能大大地减少精神内耗。

某报刊记者曾经采访过一位女医学教授。当时，女教授已经65岁了，言谈举止之间，既透着优雅，又不失活力。她曾在美国工作4年，这段经历让她颇有感触。

曾有一次，女教授与医院里的一位主任秘书聊天，那个美国女孩告诉她：“我们做这么多事，能让老板腾出时间做我们做不了的事，所以很开心。”这句话让她瞬间体会到，不攀比、不计较，才是快乐的源泉。后来，国内掀起了出国热，可她却从不强求儿子一定要出国“镀金”，她尊重儿子的选择，说只要他过得开心，比什么都重要。

作为医生，她见过太多生死离别，对生命的感悟也更为透彻。

她说：“一个人活一辈子，开开心心才是对自己好。虚荣心太强，总是跟别人比，心理肯定会失衡，情绪也会受影响，时间长了病也就跟着来了，倒不如凡事看开点，活得简单些。”

每天活在膨胀的物欲之中，被物质激发的虚荣与攀比包裹，很难活出轻松自在的状态。把目光专注在自己眼前的生活上，少去思索别人的目光，少与他人的生活对比，可以减少许多不必要的烦恼。人生是自己的经历和体会，不是屏幕上的角色较量，我们没有那么多的观众，也不需要成为他人的观众。

每一天都尝试去寻找『小确幸』

慵懒的午后，
为自己和朋友手冲一杯咖啡，
也是生活中的“小确幸”。

十年前，瑞希光顾了朋友推荐的一家咖啡屋。

刚到咖啡屋的门口，她就被浓郁的咖啡香吸引了。马路对面是一片青草绿地，混合着咖啡的阵阵香气，让她感觉一天的疲倦都消失了。瑞希喜欢咖啡，更喜欢静静品尝咖啡的惬意，那是她留给自己释放压力的专属时间。

那家咖啡屋的门把手是木头的，玻璃门上挂着一块木质的牌子，上面刻着一行英文：Coffee and Life。走进屋内，感受到的是橘黄色的灯光，看到的是五颜六色的咖啡包装袋，墙上和地上都印着咖啡文化。瑞希去过不少咖啡店，可她第一次觉得，咖啡竟然可以这么美。

傍晚时分，咖啡店里的客人并不多，老板播放着舒缓的音乐。瑞希找到一个角落坐下，点了一杯拿铁。这里的服务生很有特色，不是普通的雇员，而是喜欢情调、喜欢咖啡、喜欢美式英语的自由职业者。她这才发现，这家店的老板是一个美国小伙儿。服务员耐心地给她介绍着咖啡文化，说每种豆的不同口味，并且根据她的口味帮她挑了一款偏甜的豆。可以说，这又是一次惊喜，除了可以挑选咖啡的种类，还可以挑选不同的咖啡豆。

品着咖啡，听着音乐，望着降临的夜幕，灯火辉煌的街头，一种惬意感、幸福感油然而生。工作的烦恼、生活的压力，在这一刻都化为了乌有。瑞希有点爱上这种感觉了，一杯咖啡快喝完了，她却意犹未尽。她忽然觉得，这不仅仅是喝一杯咖啡，而是在享受一种氛围、一种情调。更重要的是，比起逛街购物犒劳自己，这种慢节奏的放松，让她的心更平静。

从那天起，瑞希也开始萌生开一间咖啡屋的想法。她不是随意憧憬，也不是为了逃避生活而突然萌生的念头。之后，她开始利用业余时间学习有关咖啡的知识，也经常来这间咖啡馆和热情的美国老板交流。老板人很好，教了瑞希很多东西。三年之后，瑞希利用自己手里的积蓄，外加向父母借来的一些钱，开了一家自己的小咖啡店。

坐在店里，看着柔和的光线从墙上精致的壁灯里流泻出来，耳边响起清新的乡村民谣，轻轻地诉说着纯粹的情怀。在这样的氛围里，来一杯浓香的咖啡，让夹杂着苦涩的芬芳传遍身体的每一个细胞……每每瑞希总会觉得，生活还挺美好的。

这就是瑞希与咖啡的故事，再简单不过。可是简单之

余，透出的却是一种对生活的热爱，以及一份细腻绵长的情思。我将瑞希的感受，以及生活中与之相似的片段，称为“小确幸”。

置身于压力与琐事的包裹中，快乐成了一件很奢侈的事，天不遂人愿倒更符合生活的常态。与其希冀着多一点振奋人心的事情发生，倒不如在细碎的瞬间体会“小确幸”，它可以是很小很小的一件事，也许只是吃到一份精致可口的蛋糕，也许只是看到落日余晖的灿烂晚霞，还可能是收到亲友送的小礼物……就是这些幸福的瞬间，为我们源源不断地输入力量。

生活既复杂又简单，不是每一天都那么美好，但每一天都会有小确幸存在。去发现和感受身边的那些“小确幸”吧！当你这样做的时候，你会觉得，快乐也不是那么难以获得，小而美的事物一直在身边，温暖着你，眷顾着你。

取悦自己，享受精神的满足时刻

每个人的喜好不同，

但总有让自己舒适和满足的选择。

苏茜待人温和友好，有礼有节，是领导眼里的好员工，与同事相处得也很融洽。为了维护自己在别人心目中的这份美好，她总是刻意掩饰自己的情绪。渐渐地，她变成了一个不太容易被人窥见内心的“假笑女孩”。

当负面情绪在苏茜的内心一点点扩大领地时，她依旧保持着正常上下班的节奏，也能做到强颜欢笑，可是精神涣散、注意力不集中的事实，却是无法掩盖的。她也是血肉之躯，被负面情绪吞噬了大部分的心理能量后，她无法再像过去那样，游刃有余地处理工作。

像苏茜一样的人并不在少数，为了维护工作形象和人际关系，耗损了大量的精力，却没有及时地觉察并为自己补充情感精力，致使自己的情绪越来越低落，工作效率和生活质量都受到负面的影响。她需要做的是，卸下沉重的精神枷锁，学会取悦自己。

精神上的极简，就是要剔除那些会耗损自己的不良信念，比如苏茜脑海里的那些想法：“我必须保持一个有礼有节的形象”“我不能让同事看出我有情绪”……这种宁可委屈自己掩盖真实的感受，也要让别人满意的做法，本质上就是一种讨好。

哈丽雅特·布莱克在《讨好是一种病》（*The Disease to Please*）中解析过：很多人认为讨好是一种良性的心理状态，毕竟被当成一个好人看起来是不错的，但实际情况是，许多讨好者不只是简单地取悦他人，而是无法控制地讨好他人，下意识地牺牲自己，甚至对来自他人的赞赏和认可上瘾。

可悲的是，讨好型人格者付出再多，也难以换得他人的珍惜，甚至还会被人讨厌。

讨好型人格的形成，与早年的经历有关，但并不意味着我们一生只能受其所困。当过去的阴影和伤口被看见——不是被他人看见，而是被自己看见，我们就能避免强迫性重复的痛苦循环。人只有先温暖了自己，才有能量去爱别人；人只有先珍视自己，才能让别人重视自己。你对待自己的方式，决定着别人对你的态度。

讨好别人是一件无意义的事，可是取悦自己却是值得的，这是为自己补充情感精力最有效的做法。当你感觉很累，对周围的事物感到厌烦时，不要勉强自己，这是身体向你发出的讯号，它在提醒你精力值已不足，你该为自己获取正向的情绪了！

面对精力上的重度耗损，如何获取正向情绪呢？

答案很简单：给自己留一点空间，享受精神上的“满足时刻”。这个“满足时刻”，就是让自己体验到愉悦和深刻满足的感觉，或者说让自己感到快乐和舒适的事物。

你的满足时刻，可以是周末晚上安静地看一部治愈系电影，感受简单而精妙的台词中渗透出的生活智慧；可以是去户外郊游，关闭手机，完全沉浸在大自然之中；也可以是到拳馆打拳，在挥拳的过程中，甩掉那些烦恼；还可以是看电影、阅读、做按摩、画画、听音乐会……无论哪一种，只要能给你带来满足感，都可以有效帮你补充情感精力。如果之前你没有尝试过这种方法，就从现在开始，找寻你的满足时刻吧，多一点也无妨！

保持自己的节奏，就是在保护自己

保持自己的节奏，
我们能随时知道自己在哪里。

《过犹不及：如何建立你的心理界线》一书中说过："有时，压力是别人加在你身上的；有时，却是出于你自己，是你觉得你'应该'去做。不能对外来的压力与你内心的压力说不，就失去对你所有物的掌控权了，也没有享受到'自我控制'的果实。"

去年7月，筱恩开始接手一个新的项目策划，按照以往的经验，预估至多2个月就可以完成。可是，这个项目一直熬到11月底，还没有彻底终结。原因就是，合作的甲方总是隔三差五地提出修订意见，筱恩前前后后修订了七八次，而对方似乎仍然没有停止的意思。

筱恩从来不反感为客户修订内容，她知道这是工作的职责所在。可是这一次的情况，真的是前所未有的。如果针对一份策划反复地挑剔，那么无论何时，都存在改进的余地，因为没有所谓的最好，只有更好。

由于不是一次性的集中反馈，每当筱恩刚刚开始着手处理其他工作的时候，甲方的助理就会发来修订意见。这个时候，筱恩只好停下来，优先去处理反馈。次数多了，被干扰得多了，她的情绪就开始逐渐失控。终于，有一天早上，筱恩忍不住对甲方助理说："我真的已经尽力了，说实话，不想再继续修订了。"

工作期间，筱恩每个周末都去参加心理学的工作坊，心有余而力不足的她，跟我说出了她的想法："最近心情特别不好，不想来上课了。"问及原因，她给我讲述了事情的经过。我说："如果是这样的话，你就更要来了。"

我们在课后进行了深入的沟通，筱恩的情绪很激动，字里行间都透着糟糕的情绪，以及强烈的不满。我将自己在沟通过程中的所观所感反馈给筱恩："从始至终，你没有说工作给你带来的具体麻烦，更多的时候是在指责对方。不知道你有没有意识到，你说了好几个'凭什么'？想一想，你是真的讨厌修订内容吗？"

筱恩想了想，说："我讨厌这种被随意打扰的状态，感觉生活已经不是自己的了，我好像横在案板上的鱼肉，任人宰割！"

"这也是我希望你来上课的原因，周末上课是你现在唯一的一个固定节奏，如果再放弃的话，你想想结果会是什么样呢？"筱恩没有应声，但也在思考。之后，我阐述了自己的看法："无论工作多么忙，任务多么重，想保持稳定的情绪和状态，都需要掌控自己的节奏。"

时隔半个月，筱恩给我发消息，说她已经厘清了混乱的内心与情绪。之前的情绪失控，就是因为丧失自己的节奏，从而

感觉丧失了对生活的掌控权。

我问筱恩："如果现在遇到同样的情形，你会怎么处理？"

她说："对方可以随时发来修订的意见，但我不必即刻就进行处理，我可以按照自己的节奏，集中精力把要做的事情做完，把修订的事宜安排在某一固定时间来做。哪怕一周收到两次、三次修订意见，也都放在那个固定日处理。如果非要打乱我的节奏，为其腾出时间，我肯定会拒绝，但会说明缘由。"

生活总是充满了不确定，唯有在不确定中保持住自己的节奏，才不至于把日子弄得一团糟，把自己逼到退无可退的墙角。如果把各种问题混为一谈，想什么都处理好，往往就会给自己制造更多的麻烦。如果简单一点，以自己的节奏为主轴，就能有效地提升对生活的掌控力，按照自己的习惯、精力进行合理安排，保持专注力。

今天是周六，是我每周固定陪伴家人的日子。早上8点钟，我开始撰写这篇文章，落笔后我就准备好好去享受这一天。家庭日是属于家人的，把不需要的、多余的事物赶出去，一心一意地陪伴家人，不正是极简的精要吗？

PART 4

信息极简

屏蔽外界的干扰，掌握生活的主动权

不把信息当作知识，不把收藏当作学习，
不把阅读当作思考，不把储存当作掌握。

—— **战隼（Warfalcon）**

刷手机填补不了内心的空虚

处于“丰盛”的环境本身，
对个人而言就是一种负担。

不知道你有没有听过这句话：“世界上最遥远的距离，不是我在你身边，而你却不知道我爱你；而是我在你身边，你却在玩手机。”有人调侃这样的情景说，百年前躺着吸鸦片，百年后躺着玩手机，姿态却有着惊人的相似！

这样的调侃并不是空穴来风，而是无数现代人的生活缩影。

早上6点钟睁开眼，7点钟还躺在床上；晚上10点钟上床，11点还没闭上眼……赖在床上不是因为困，也不是因为失眠，而是因为——刷手机。不只是睡前和醒后，在去公司的路上、正式开始工作之前、中午吃饭的时候，都要把手机紧紧地握在掌心，拼命地翻看朋友圈，看微博里的新段子，抱怨两句自己的烦心事，庆祝一下内心的“小确幸”。

我们就这样被手机绑架了，自己却浑然不知；更可悲的是，就连三五岁的小孩子，也被手机短视频诱惑得难以自持。小手指头上下滑动着页面，看着各种搞怪的视频，嘴里时不时地冒出一句句网络流行语。生活不再有生活真实的温度，所有的生活都呈现在手机里。

朋友相约一起吃饭，静静地品尝每一道菜肴，安心地聊一聊天，应该是最美好的体验。可这一切，总是被手机拦腰折断——“先别吃，我先拍个照”，终于拍完了，却还要反复修图，再发到朋友圈、微博，而后终于肯吃两口菜了，还没顾得上互动，手机又被拿起来，看看有谁在点赞，有谁给出了评论。这样的聚会，变得很无趣。

为什么现代人都喜欢拿着手机不停地刷刷刷？问及原因，答案惊人地相似——无聊。

不管是坐地铁、乘公交，还是等车等人，总会有一些碎片时间，这个时候刷刷微博、朋友圈、抖音，就成了打发时间最好的工具。然而，很少有人细思：为什么会感觉无聊、无事可做？刷手机能帮助我们填补内心的空虚，带来更多的快乐与幸福感吗？

1998年卡内基梅隆大学的研究者罗伯特·克劳特发现，人们上网的频率越高，就越感觉孤单沮丧，与周围人联系以及自身的幸福感也越低。另一项研究还表示，在刷微博、看朋友圈上花费的时间越久，越容易产生嫉妒感。因为看到与自己年龄相仿的熟人，生活得比自己更光鲜（哪怕事实并非如此），也会在无形中给自己造成压力，感到失落和不开心。

我的朋友圈功能，关闭已经有半年了，只是偶尔想了解某朋友的近况，才会特意去点开查看。这样做的原因就是，避免打开微信的那一刻，被朋友圈更新的“小红点”吸引，习惯性地去打开浏览。

虽然这只是一个不起眼的动作，但是每天刷上10次，每次3分钟，就会耗费掉30分钟，而很多时候，我们不仅刷3分钟，看到好看的文章推荐，可能一次浏览就得花掉10分钟。为了不让它干扰自己，我索性就把朋友圈的功能关闭了。

在某些时候，“眼不见为净”的做法是有效的，它降低了直接诱惑。如果把醒来、睡前的时间用来冥想，或是读一两页书，叠加起来的收获也是很大的。

当点击朋友圈、刷微博和抖音，不再是习惯性的动作和行为，你会意外地发现，没有它们的日子也没有失去什么。相反，你会选择做一些更有意义的事，真正地告别无聊。

微信聊天的时间不要超过5分钟

即时通信软件的存在，是为了提升沟通效率

将其视为娱乐工具，就是舍本逐末了。

没有智能手机时，每个月的短信条数与通话时间，都是根据所选套餐种类而定的。那时候，多数人打电话都会不时地看一下通话时间，争取赶在某1分钟开始前，把事情讲述完，迅速挂断电话。这样一来，就可以节省1分钟的话费；若是长途电话，更是要精打细算。

当智能手机与即时通信软件诞生后，这样的担忧基本上就消除了。无论是发消息还是发语音，所用的都是流量，而流量费用也不算太昂贵，有Wi-Fi就更不用说了，可以语音电话或视频聊天，一切都来得太方便。就这样，无论何时何地在做什么，都可以拿着手机发微信，鸡毛蒜皮的小事儿也可以随时分享，这种无拘无束的畅快感，让人对微信产生了强烈的依赖。

事物都有两面性，微信有效地提升了沟通效率，缩短了沟通成本，却也在无形中偷走了大量宝贵的时间。联系人繁多、消息过密的时候，还可能让我们错过真正重要的消息。

我有一位工作伙伴，每次有事情联系她时，很少能够在第一时间看到回复消息。开始不免有些着急，可后来她告诉我：工作期间，她的QQ和微信都处于屏蔽状态，每天只有在固定的时间才会去查看和回复。平时，她是9点钟开始工作，从9点到11点半这段时间，她会把所有精力都用在工作上，不会中途去查看通信消息，减少干扰。

从11点半到12点，这半小时内，她会统一处理通信消息。不重要的群发消息，就直接删除掉；重要的问题，简明扼要地沟通解决，尽量把沟通时间控制在半小时之内。这样的话，既不影响吃午饭，也不会因闲聊而浪费更多的时间。

主动为自己创造干净的、简单的工作环境，是提升做事效率的选择，同时也是自律的保障。微信，归根结底只是一个通信工具，这是它最基础的功能，也是我们最需要的功能，其本质就是为了联络互动，保证消息准确、快速地传递，提高沟通效率，节省时间。倘若忽略了这一点，将其视为娱乐工具，就是舍本逐末了。

90%的社会新闻都和我们无关

活得好好的时候，
没必要去体验糟糕的感觉。

很多人都有过这样的体验：不看新闻的时候，倒觉得生活还挺平静；一旦开始频刷网页，望着一连串扎眼的新闻标题，焦虑指数就止不住地往上涨：

——男子将自己的妻子关在地下室20年，原因何在？
——用这个方法减肥，一周瘦7斤！
——××国家一艘载有数百人的客轮沉没！
……

有些事件是真实发生的，有些是博人眼球的噱头，无论是哪一种，都在争夺着用户的注意力。特别是那些负面的社会新闻，每多看一则，就多消耗一分精力，有时还会带来强烈的情绪波动。

很清楚地记得，我在看到“30岁青年身患癌症不舍离世，只因内心放不下年幼的孩子”的新闻后，瞬间就产生了一

种无力感，脑子里反复地冒出一句话：谁也不知道明天和意外哪一个先来，万一明天不幸降临到我身上，那今天追求的一切是不是都丧失了意义？

我的思绪陷入了一阵混乱中，后来因为一则工作电话，让我被迫中断了对这则新闻的反刍。慢慢地，这件事就被我淡忘了，那种无力感、对生活和奋斗的质疑，也逐渐消散了。我的生活又回归了往日的轨道，又能体会到那些细碎的美好。

现在想想，这件事真的是一个启示：网页上的那些社会新闻，各种奇闻怪事，跟我们有关系吗？事实上，90%都是无关的！我们有必要知道那些事情吗？就算知道了，又能怎样呢？

在信息爆炸的时代，新闻报道者为了博人眼球，有时会刻意起一些有冲击力的标题，报道一些不好的、灾难性的事件。偶尔看到一两则的话，倒也还能消化，可当类似的新闻不断地涌现出来，我们的思维和生活，就会逐渐受到影响。

仔细想想，灾难是现在才有的吗？在人类尚未出现之际，自然灾害就已经存在，而在过去的历史长河中，灾难也从未远离。只不过，那时候没有发达的网络，我们不得而知罢了。

现在，负面的社会新闻频繁曝出，一来是信息传递比较发达，二来是我们刻意关注。所谓刻意关注，就是担心错过重大新闻，在周围人谈起时一脸茫然，感觉自己与世界脱节。

真正重要的新闻，每天7点钟打开新闻联播，花费半个小时的时间，完全可以收听到。至于其他的奇闻逸事，你可以一天读10条，也可以一天读100条，只要你想，它们可以不断地出现在你眼前。可是，这些新闻里有多少是真实的？又有多少对你是有积极意义的？

很多时候，新闻制作者出于阅读量的考虑，经常会把一件平凡的事情渲染得出神入化，写出一篇篇吸引人的故事，再配上一些扎眼的图片。此时，你阅读到的重点，可能都是经过包装的，你读到的那些危机，也许根本不是真正的危机。

岁月静好的时候，去体验那些糟糕的感觉，无异于对美好时光的辜负。那些长期活跃在网络上的社会新闻，任由它们存在吧，选择性地去听取和关注，既是对时间的珍视，也是对自我心理的保护。

少看娱乐八卦，多去提升自我

不要把精力最好的时刻，

用来围观他人的起起落落。

从初中时代起，偌偌就爱买娱乐周刊，关注娱乐圈里的新闻动态。谁出新专辑了，谁要开演唱会了，谁的电视剧要杀青了，谁和谁恋爱或分手了，她总是那个第一时间传出消息的人，娱乐圈里的任何一个“瓜”，她都没有错过。

走过青葱岁月，到了近30岁的年纪，偌偌在闲暇时，还是会不自觉地关注娱乐八卦，或是观看综艺节目。可是，近两年来娱乐圈里爆出的一些负面新闻，却让偌偌感觉有些受伤，比如，有些演员是她特别喜欢的，可是爆出的行为举止让她瞠目结舌，猝不及防的热搜和后续的各种扒皮爆料，使偌偌内心里的某种感情坍塌了。

偌偌体验到了网络上说的“塌房”之感，着实不好受。她开始回想：“吃瓜”的这些年，自己究竟获得了什么？初中时购买娱乐杂志的钱，不知道能买多少本经典名著了；现在每周为了追综艺节目，连晚饭都顾不上做，每次都是买炸鸡和啤酒，第二天望着体重秤后悔不已；那些八卦新闻，也只是为自己提供一点茶余饭后的谈资，除了满足当下的窥视欲，获得道德上的优越感之外，再没有其他的了。

网络上频频爆料的娱乐八卦，只有极少数让人感受到温情美好，剩下的大都是人性的迷失，各种意想不到的反转，让她忍不住怀疑自己原本坚守的信念。现在的营销号，更是掌握了吸引眼球的绝技，一轮接一轮地煽动，被这样的信息包裹和诱导，人很容易失去独立思考与判断的能力，变得愈发肤浅，罔顾事实真相，只顾着表达情绪。

价值观受到影响，心智化受到损伤，对情绪的变化越来越没有意识，也越来越没有掌控感……偌偌第一次发觉，是该远离娱乐八卦了，与其凝视不美好的深渊消耗自己，不如把目光放在更有趣的地方，把时间用在提升自己的事情上。

艺人们的起起落落与生活琐碎，与我们没有半点关系，把每天关注娱乐八卦的半小时或一小时腾出来，读书、听书、运动、学习理财知识，随便哪一项都有益身心，都能让自己的生活得到改善。

看清广告的本质，不轻易被诱惑

每天有无数的信息扑面而来，或有意或无意，
唤醒焦虑情绪，让人没有时间关注自己的内心。

网购，已经成为现代人常用的购物方式，不用出门就可以买东西，还可以清楚地看到商品的介绍，以及购买过的网友对此商品的评价，这些都能为我们判断此商品是否值得购买提供信息。毫无疑问，网购可以带来便利，但我们还是经常会碰到类似的情况——

看上了一件衣服，款式很喜欢，质地也不错，价格还很合适，拿到手里的时候甭提多高兴了，可一上身就发现问题了——不好看。明明想象着它应该是宽松的，可现在却变成了紧身衣；明明想象着领口没这么大，可现在露得太多没法穿；明明想象着它应该是湖蓝色，可现在拿到的怎么成了深蓝……为什么会这样呢？

原因不难理解，思考一下：我们的想象从哪儿来的？多半都是来自网上对于商品介绍的图片。你看到的图片是实拍

的，但你一定也知道，有一种修图技术叫作Photoshop！

透过广告看到的事物，未必是它真实的一面，在五光十色的世界里，很多东西都是被“包装”过的，尤其是那些看起来华丽丽的、特别吸引人眼球的东西。如果我们太轻易地就相信它们是完美的，那就无异于掉进了一个局，设计这个局的，可能是为了勾起人们消费欲的商家，也可能是我们自己的想象力。

广告这个东西，看多了容易心动，买错了容易后悔，没买到容易生气，买不起容易有压力……总之，原本平静的生活，很容易被广告搅乱。与其被广告牵制着，倒不如主动远离，看清广告的本质，不轻易被诱惑，只做自己想做的事，只买自己真正需要的东西。

定期清理手机和电脑里的垃圾

养成定期清理的习惯，

手机和电脑不拥堵，自己的生活也不拥堵。

前段时间，在朋友家小聚。席间，她忽然提议，让我帮忙润色一份演讲稿。我来到书房，见朋友打开电脑……嚯，没想到映入眼帘的界面已经完全被各种图标占满了，有常用软件、接收的图片、图稿，还有好几个“新建文件夹”，朋友找了半天，才找出那份演讲稿。

“你这桌面也太满了吧？看着不眼晕吗？”

“以前总觉得东西放桌面上好找，慢慢就成习惯了，平时也想不起来整理。”

“趁这会儿有空，还是整理一下吧？把文稿传到我手机上就可以。况且，好多重要的文件，不保存到硬盘或网盘，万一系统出了问题，就全都丢了。”

“嗯，是这么回事，不能大意……”

半小时后，朋友将桌面的文件进行了整理、归类，该保存的放进了相应的硬盘，没有用的文件也进行了彻底删除。重新坐在电脑跟前，看着整洁清爽的界面，心情都觉得不一样了。

电脑界面保持清爽洁净的状态，不仅会影响人的心情，也会影响做事的效率。原因很简单，一个个图标、文件，从左到右地逐个审视查看，一遍找不到，还要重新来过，很容易令人厌烦，也很浪费时间。如果电脑界面的图标和目录文件，只有简单的两三列，无论找什么东西，都是一目了然，点开即可。

不只是电脑，手机也需要定期清理垃圾，删除不必要的文件。特别是现在短视频的兴起，这些软件每天产生的缓存垃圾是巨大的，若不及时清理，就会导致手机卡顿，运行不流畅。

很多人喜欢拍照，可是手机的内存是有限的，所以照片也要定期地整理。

就我个人而言，每天晚上会花费几分钟的时间，删除一天中的随手拍和截图；每隔一个月将想要保留的照片上传电脑或网盘；对于那些有珍贵意义的照片，如旅行照、亲子照、孩子成长照等，则会在网络上制成电子相册，既方便保存，又节省空间。

你也可以选择自己感觉方便的方式，如每日小清理，每月大清理。总之，要从习惯上去改变，否则的话，无论手机的内存有多大，它也无法满足我们的需求。

关注少而精，时常整理收藏夹

关注内容过多，信息就会不断涌来，

只看这些东西，时间都会显得很仓促。

粗略地估算一下：你关注的公众号有多少？每天必看的门

户网站有多少？在查看这些内容时，你会花费多少时间？收获与你付出的精力是否成正比？

如果不去思考的话，日子可能就这样一天天地过去了，可真的细算起来，你就会发现：互联网真的是一个“时间窃贼”，提供了大量免费的信息，想看哪个领域的内容，都可以找到一大批图文和视频。

网上的信息是充裕的，甚至是超量的，可以源源不断地更新。然而，我们的时间是有限的，关注和订阅的内容多了，即便什么都不做，光看这些，时间都会变得不够用。

我以前关注了好几个心理学领域的公众号，平均每个公众号每天都要推送3篇文章，仅阅读这些推送，2小时很快就过去了。有时，这些文章中会夹杂一些广告软文、课程推荐，对我来说意义不大；更重要的是，读了这些零散的文章，看似是了解了很多，实则记住的很少，远不及系统地去阅读一本书更为受益。后来，我干脆取消关注了一大批公众号，不同领域只保留一个，总数量不超过5个。看到感兴趣的内容时，会找相应的专业书籍去仔细阅读。

至于门户网站，我只关注一个，且在上面设置自己想关注的版块，不是一股脑地全盘接受。如果是重要的新闻，几乎各大网站都会报道，根本不用担心错过。我不是每天都看，有空闲的时候，一次性翻阅，省时又省力。

说完关注与订阅，再来说说收藏夹。无论是电脑还是手机，看到感兴趣、有价值的内容后，不少人都会习惯性地点收藏。收藏自然是为了方便查找，可是收藏的东西多了，收藏夹就可能会变成杂货铺，既有工作的文件，也有喜欢的物件，还有读到一半的书籍，导致查找工作变得越来越困难。如此，收藏也就失去了原本的意义。

要解决这一问题，办法很简单，就是对收藏夹进行分门别类，精简整理。你可以根据自己常用的一些类目来建立文件夹，如工作、生活、读书；抑或是按照内容所属的领域来分，如心理、情绪、职场、技能等。看过之后不再需要的网页，及时删除，让收藏夹里保留的永远是自己经常关注的或者相对重要的内容。

精简手机App，只保留非用不可的

删除非必要的 App，
就是在夺回被侵占的注意力。

现在，烦请你回答下面的几个问题：

1.你的手机里有多少款App？

2.这些App分别归属于哪一类？

3.有哪些App是生活中非用不可的？

4.有哪些App是出于好奇和打发时间下载的？

5.你每天在手机App上花费的时间是多少？

6.只保留非用不可的，你会删掉哪些App？

问题似乎有点儿多，却是值得我们深入思考的。对现代人而言，浪费生命的最高效途径，莫过于玩手机。“互联网女皇”玛丽·米克尔（Mary Meeker）发布的2018年互联网趋势报告显示，中国互联网用户达到7.53亿人，移动端用户日花费时间达32亿小时。2016年同期为20亿。对很多年轻人来说，这个数据八成是低估了的。

手机，就是一座虚拟的房子，App就是里面的物品。打开手机界面，App井然有序，都是日常生活的必需品，没有一样是多余的，那我们就不会在这上面耗费太多不必要的精力。

如果App繁杂混乱，新闻、社交、游戏、学习、财经等统统都有，一切都从“喜好”出发，那就必得为它们付出相应的代价，比如：占据大量的手机内存空间，导致手机反应缓慢；或是在App上浪费大量时间，而后感到自责愧疚。

极简的意义，就是要从繁杂中逃脱，回归到简单质朴，看清真正的需求，不被欲望束缚。我们需要说服自己摆脱虚拟的世界，删掉非必要的App，让手机告别臃肿，让生活回归清澈，让自己成为自己。

在精简手机App的问题上，没有固定的、统一的标准，至于有哪些App可以删掉，也是因人而异的。在此，我仅分享一下个人的心得，希望给有需要的朋友带来一些启示：

1.手机自带的、几乎不用的App软件

手机买来的时候，里面就有系统自带的App。我基本上一年都不会用到几次，任由它们占据内存，着实是一种浪费。所以，只要能够删除的，我就全部都清掉了。

2.耗费时间的、弊大于利的娱乐App

这些娱乐App通常是吞噬时间的高手，比如：抖音、王者荣耀、斗地主、糖果消消乐等，它们会给人带来麻痹的、及时行乐的快感，但我们都清楚，那并不是真正的快乐。在这些App上刷了两小时以后，得到的不是满足，而往往是内疚与自责。

当然，如果你可以控制好娱乐的时间，也可以保留不删，毕竟每个人都有自己的放松方式。以我自己来说，用微博很多年，里面经常会有一些粉丝互动，偶尔我也会分享自己的文章，但每次刷微博的时间不会太久，所以微博我就一直保留着。可是，抖音这个App我就没有保留。原因很简单，刷了半小时后，我没觉得有特别大的收获，只是觉得有点头晕，且有一种浪费时间的愧疚感。为此，我就把抖音卸载了。

3.看似有价值，却经常带来干扰的App

这类App很容易让人上瘾，我们在里面会不时地有一些意外收获和启发，故而就认为它是有重要价值的，如微信公众号、朋友圈、知乎等。

知识类的平台，我选择网页版，早晚各看一次，确保不错过重要的分享。这样可以尽可能获得自己渴望的内容，又不至于浪费太多时间。

同类的微信公众号，我只保留1个，且关注的账号最多不超过5个。内容太多的话，根本看不过来，还可能漏掉真正需要的、想学习的。

朋友圈功能关闭，对于自己关心的人，有选择性地浏览一下。如果不想关闭朋友圈这一功能的话，也可以选择“朋友圈权限”，屏蔽无关紧要的动态。

现在，我的手机界面保留的App有这么几款：微信、微博、音乐、电子银行、读书、打车、地图，大致就是这些，没有太多的娱乐功能，但基本的生活需求都可以满足，有效地避免了对手机的依赖——没什么可玩，没什么可刷，自然就会选择放下。

不被网络绑架，偶尔回归断网的生活

网络是一把双刃剑，好好利用可以获益，
过分依赖则会侵蚀身心，陷入懒散堕落之地。

前年夏天，我带朋友菁菁体验了一次正念课程，课程开始时，老师让参加者们参考一个与自己独处的测试。

那段时间，菁菁正遭受感情的困扰。一次失败的恋爱，让她迷失了自我。白天，她努力把自己变成一个工作狂，避免胡思乱想；晚上，又放肆地沉浸在网络中，和朋友聊天、打游戏，熬到凌晨。没有人知道，菁菁在虚拟的网络狂欢后，落寞感和空虚感是多么地强烈。她害怕独处，独自在家的时候，她觉得浑身不自在，总忍不住用微信跟朋友聊天，或者把网剧的声音开到最大。此刻，要做这样的测试，对菁菁来说，无疑是一件难事。

一向做事风风火火的菁菁，才坐了1分钟，就开始东张西望，瞻前顾后。她想知道别人在做什么。2分钟过后，她变得躁动不安，往常这个时候，她不是在办公室里开着紧张的会议，就是在跟下属讨论方案，此时轻松的环境让她觉得很不适应。5分钟后，她忽然想起自己还有好几个客户没有联系，甚至想看看微信里有没有谁发来消息……8分钟的时候，她开始受不了这种心灵上的煎熬，希望测试早点结束。

时间一分一秒地过去了，菁菁觉得自己度日如年，从来没有这么煎熬过。时间一到，她的嘴巴就闲不住了，像机关枪一样，连发了几颗"炮弹"。教室里响起一阵热烈的交谈，大家仿佛10分钟没有呼吸一样，一定要立刻将10分钟的宁静补回来。

这时，带领老师说话了："计算一下，刚才你们有多长时间在与自己独处？"

菁菁的答案是0。她发现，自己一直活在热闹纷乱的环境中，从来都不曾与自己独处过。

何止是菁菁不曾与自己好好相处过，生活中有很多人，早晨穿梭在车水马龙的街头，夜晚沉浸在灯红酒绿的世界，一有时间就投身于纷纷扰扰的网络，根本无暇去享受片刻静谧。

无论是与人相处，还是与网络相伴，始终都是让自己处于一种信息互动中。伍尔夫说过："女人要有一间自己的屋子。"这间屋子并不是指房子，而是指心灵的空间，且这间屋子不只是女人需要，所有人都需要。

生活在人群密集的大城市里，很难割断与外界的互动，这也是生活和工作所需。可当我们回到家，抑或背上行囊去旅行，能否暂时地"与世隔绝"，断了网络，杜绝信息的干扰，完完全全地和自己在一起呢？

千百前年，人们没有网络，却也能幸福地生活；没有网络的时代，牛顿也发现了地球引力，雨果也写出了《巴黎圣母院》，火车和汽车也在这个世界上诞生了。有了网络之后，我们的视野超过了时光与地域的界限，把二维世界一下子提到了三维或四维。

可不管怎样，网络终究是网络，没有生命，它只是由虚拟的声光信号构成的。失去了人的思想与操控，它就丧失了所有的意义。网络确实强大，可是长时间地依赖网络，沉迷于虚拟世界，就会降低对现实世界的兴趣，与现实疏远，情绪变得低落。

网络是一把双刃剑，控制好它，获益无穷；反被控制，侵蚀身心。偶尔尝试一下回归断网的生活吧！把时间和空间完完全全地留给自己，安静地与自己独处，或是沉浸式地与自然互动，这是放松心情、靠近自我、滋养精力的绝佳方式。

PART 5

社交极简

放弃无用的社交，
远离消耗你的人

我们曾如此期盼外界的认可，到最后才知道，世界是自己的，与他人毫无关系。

—— 杨绛

真正的朋友，没有想象中那么多

人生海海，
能陪我们走一程的人很多，
能陪我们走一世的屈指可数。

有一个社会实验短片名叫《你手机里的常用联系人有几个？》，里面的几位参与者，打开手机查看联系人，好友数量过千。然而，当节目组提出，删掉那些只在工作和应酬中才会联络的人之后，他们惊讶地发现，联系人只剩下了二三十个。

接着，节目组又提出更加严苛的筛选条件：除了家人以外，可以说真心话的联系人有几个？结果，只剩下两三个人。当被问及与这些人最后一次联系的时间时，参与者们都沉默了，名单上的那些人，有些许久都没再联络过了。节目组提出，让他们主动打电话给这些朋友，有些人能跟朋友兴奋地叙旧，有些人得到的是忙音，还有的直接被对方挂了电话。

看到这里，可能会让人涌现一丝落寞的情绪，但这也从侧面告诉了我们一个事实：真正的朋友并没有想象中那么多！社

会学家做过一项研究，结果显示：人一生中同时交往的朋友数极限，分别是10个、30个和60个。

听起来似乎挺悲凉的，可那10个人是能够在我们身陷囹圄时不离不弃、伸手相救的人；另外的30个人是时不时会联系的朋友，偶尔一通电话、几条消息，知道彼此过得怎么样就够了；最后的60个人是关系最淡的朋友，因为某种机缘巧合相识，互换名片、互加微信，对彼此有印象，仅限于此。说白了，会对我们不离不弃的真朋友，不过区区10个人。

远离无效社交，为人际关系减负

放弃无用的社交，
不要再期盼从中可以得到什么、学到什么。

生活中的疲累之感，不总是源于繁多的事务，还来自人际交往。

从事销售工作的阿峰，手机总是频繁响起，有联系不完的客户，有去不完的局，经常和不同的人打交道，逢年过节都要问候，社交网络发了消息也要回复，这种生活让阿峰感觉喘不过气，他觉得自己除了工作就是在维护这些社交，根本没有自己的生活。

洛洛也有和阿峰相似的困扰，只不过她是被负能量的室友缠住了。每天听到的都是室友的各种吐槽：女同事炫耀男友送的钻戒，露出一副攀附权贵的嘴脸；老板让她准备一堆的资料，无偿加了两个晚上的班……和室友相处半年，洛洛总觉得心慌烦闷，室友传递给她的全是沮丧、愤怒、嫉妒、偏见、贪心和不满。洛洛的工作压力很大，在办公室里又无法发泄，回到家里还要听室友“倒垃圾”，真觉得添堵。

人生是一个消耗能量的过程，需要人为地加以控制，若不能有意识地积蓄正能量，总是跟负能量的人在一起，或是为了无关紧要的人浪费心力，自身的能量场就会逐渐减弱，直至消耗殆尽。为了节省精力，为了保护自己，我们都要学会拒绝无效社交。

什么是无效社交呢？就是无法给我们的精神、感情、工作、生活带来任何愉悦感和进步的社交活动。在无效社交上投入的成本越多，浪费的时间、消耗的精力就越大，不仅无法从中获得内在的滋养，还可能引发情绪上的厌烦或是行为上的颓废。

那么，如何来分辨无效社交呢？下面的四个维度，可以作为参考：

1.这种社交，会不会给你带来负面的能量？

与负能量爆棚的人交往，会在无形中吞噬我们的精力和正能量，他们的存在就像是遮挡阳光的乌云。如果我们总是抱着“圣母”心态，认为自己真的能够帮到对方，最后的结果很可能是被他们消耗。

2.这种社交，对你的生活和工作有没有帮助？

为了社交而社交的凑热闹，比如一些所谓的同乡会、论坛聚会，一群陌生的人在一起聚个餐，也属于无效社交，因为彼此都不了解，也不太可能对未来的工作和生活产生什么帮助。这样的社交活动，投身的次数再多，也不会有什么回报，只是打发时间。

3.这种社交，是否带有“情分”绑架的色彩？

什么叫“情分”绑架的社交呢？就是被迫参加不具实际意义的活动，如形式上的同学聚会，多年不见，也没什么感情，只是出于难为情才勉强同意；抑或者关系不是很亲密，却打着朋友的名义，隔三差五邀你一起吃喝。这样的社交很浪费时间，毫无意义。

4.这种社交，是不是流于形式的点赞之交？

存在于手机里的“朋友”，看似“认识”，其实根本不熟，没有真情实感。对于这样的关系，不要将其视为人脉，每天花时间去关注对方的动态，考虑要不要点赞，要怎样评论，完全没有必要。

与其为了这些流于形式的无效社交浪费时间，倒不如腾出空间和时间，去跟真正的朋友小叙，哪怕什么也不说，只是静静地坐一会儿，没有寒暄与讨好，彼此也不觉得尴尬。

无须为了讨好伪装出合群的样子

每个人都有必要去合群，
但不意味着要合所有的群。

刚进入公司时，孙琦费尽心思和每位同事搞好关系。

小A在办公室里找文件夹，其他人都默不作声，孙琦立马把自己的文件夹递过去；小B午餐想点外卖，随口问了一句孙琦，她就热情地给对方推荐店铺，还帮小B一起凑单；小C想借点东西，孙琦听到后，连忙帮对方解困……时间久了，同事找不到东西就找孙琦，想点外卖也拉她凑单，不知是有意还是无意，借出去的东西经常不见对方还，饭钱有时也欠着，孙琦不好意思开口索要，怕被人指责吝啬。

次数多了，孙琦也开始烦恼，她本想着让自己显得合群一点，却没想到这种做法让她成了一个烂好人，随意被人差遣。从那以后，她不再刻意合群了，把时间和精力都用在专心工作上。一年后，孙琦不仅在能力方面得到了提升，处理人情世故也越来越果断，同事对她的态度也发生了变化，少了随意的指使，多了应有的尊重。

一位节目主持人曾说："我不认为过于温暖，是跟别人维持良好关系的最佳方法，如果被温暖两个字绑住，就更吃力。"生活极简，人间清醒，大抵就是如此。

每个人都不是一座孤岛，都有必要融入人群，但这并不意味着要合所有的群，也不代表为了合群要刻意去讨好。为了合群委屈自己、迎合他人，违背意愿去参与某些社交活动，无异于把生活和自我的掌控权都交予了他人。生活和工作本身已有一连串令人感到疲惫的问题，好不容易留下的休息时间，不该再被无谓的讨好和不喜欢的社交霸占。

有些人会觉得，不合群似乎意味着社交能力差，所以时常会逼迫自己去融入某一个群体。这样做实在没有必要，人与人在性格上存在差异，有人向来喜欢往人群里扎，而有人则倾向于独处。如果这是自我的本性，是最自然的状态，没有什么好与不好之分。唯有在两种状态之前加上"刻意"二字，才是真的需要反思。

当我们刻意去做一件事时，必然会违背自己的意愿，打乱自身的节奏，牺牲一些自我，否则是很难平衡的。美国心理医生斯科特·派克说过："如果我们以失去自我的方式融入群体，我们就会像一锅粥一样，每个人都失去个性、独特性和完整性。”我们不需要成为一锅粥，而是可以成为沙拉，各自保持完整的成分与丰富的口感，呈现在一起。

人生择善而交，远离消耗自己的人

选择和谁成为朋友，

比去结交朋友更值得深思。

朋友是生命中不可或缺的社会性支持，但不是所有相识的人都可以称为朋友。在茫茫人海，选择和谁成为朋友，比去结交朋友更值得深思；一旦发现某段关系令你身心疲惫，压榨吸取你的能量，就要及时止损，远离消耗你的人。

读书时，蔷薇结识了一个学妹。女孩父母离异，家境不好，出于善心，蔷薇一直帮助她。好几次，女孩向蔷薇借钱，蔷薇都慷慨解囊。可最后，蔷薇发现，女孩的钱全用在一个喜好赌博的男人身上。欠蔷薇的那1万块钱，她根本还不上，却还是不肯离开那个无耻之徒。蔷薇不打算要那些钱了，也决意不再和这个学妹往来。

朋友就像一面镜子，选择和什么样的人做朋友很关键。一旦选错了，思想上、生活上、行为上都会受到不好的影响。换句话说，和什么样的人在一起，就会拥有什么样的人生。

和有思想、有品位、有学识的人做朋友，可以汲取到他们身上的优点，丰富自己的内心，向美好的东西靠拢，感受到生活的乐趣。相反，和情绪不稳定、悲观抱怨、有不良习惯的人相处，则更容易感受到消极压抑的思想，在无形中耗损自己的能量。

每个人的性格不同，经历也不一样，在判断“消耗自己的人”这件事情上，也有各自的标准，具体还是以个人的感受为上。比如，对方总是说一些你不喜欢的话，或是提出让你感到不舒服的要求时，可以选择远离；某一段关系让你感觉极度疲累，不妨审视一下是否还有维系的必要。我们的生命是有限的，把它用来做更多有意义的事，才不算辜负自己。至于那些不断消耗自己，让自己感到痛苦的人，还是敬而远之吧！

流言蜚语总会有，用不着太在意

无论你怎么做，活成什么样，
也难以赢尽所有人的心。

1935年3月8日，演员阮玲玉在难以承受的流言蜚语中，结束了自己年仅25岁的生命，含恨留下“人言可畏”的遗言，以此印证了“舌头底下压死人”的俗语。

活在世上一天，就免不了要承受外界的流言蜚语和各种评论，真的、假的，好听的、难听的，谁都无法阻止它们的出现。你美丽富有，会有人因嫉妒生恨，刻意诋毁你；你清贫平庸，会有人轻视鄙夷，看不起你；你精明能干，会有人说你善于算计；你与世无争，会有人说你软弱好欺。无论你怎么做，活成什么样，也难以赢尽所有人的心。

清云向来不喜欢与人争，可她从事的工作偏偏是一件少不了“争”的事情——销售。销售部的同事，个个都长着一张厉害的嘴，钩心斗角的事时有发生，她只想本本分分地做事，却不料周围的同事包括上司，对她都不怎么赏识。

在这个快节奏的时代，很多人都等不及，恨不得早上的付出晚上就要见到回报。清云想得比较长远，开发客户不是一天两天的事，即使自己上半年都没有做出一单，也不意味着自己所有的努力都是白费了，也许下半年就会见到成效。

正是因为性格和行事风格上的差异，个别同事总跟清云针锋相对。清云有什么话喜欢当面说清楚，可恼人的是，那个尖酸刻薄的女同事，从来不会直接指出问题，反倒喜欢在背后搞小动作，在上司跟前打小报告，说清云的种种不是。

偶然的一次，清云走到办公室门口，忽然听到那位同事在散播她的流言。这一次，她再没给对方留情面，拿起桌上的资料，狠狠地摔向对方。同事的眼镜被打落在地，摔裂了镜片。

原本，同事散播谣言在背后诋毁清云，是对方的错。可现在，清云在办公室里对同事动了手，惹得所有人都对她有看法，说她平日里那副文静的样子全是装的……得不到理解也就罢了，还给自己找了更大的麻烦，清云心里的苦无处可诉。无奈之下，她选择了离职。

美国心理学家帕萃丝·埃文斯在《不要用爱控制我》中写过这样一段话："人们评价我们，实际上是在假装知道我们的内心世界，是在对我们的精神边界进行攻击。如果接受这些攻击，我们会暂时迷失自我，屈服于别人的控制。"

有人的地方就有流言，就有贬低和嘲讽。太过在意和较真，输掉的不只是平和的情绪，还可能是自己的工作与生活。当他人误解自己、否定自己时，能解释时尽量解释，解释不清就想办法用事实证明；至于无聊的评论与八卦，保持内心的独立和自我的清醒，堵不住别人的嘴，可以屏蔽自己的心，这是一种自我保护，与这样的人争执，只会让你失去更多。

有选择的话，少与嫉妒心强的人来往

不管嫉妒到底是什么，
它都是精神能量的一种巨大浪费。

医学心理学家曾经用狗进行过一项嫉妒情绪的实验：

把一只饥饿的狗关在一个铁笼子里，然后在铁笼子外面也拴上一条狗，并给笼外的这条狗喂肉骨头。结果，笼内的狗在急躁、气愤、嫉妒的消极情绪状态下，产生了神经症的病态反应。为此，医学界把嫉妒情绪称为心灵上的“肿瘤”，它的危害，丝毫不亚于身体上的肿瘤。

嫉妒，能让人得到短暂的快感，却也能让不幸变得更加心酸。嫉妒是一种复杂的情绪，是用别人的“好”来折磨自己。看到别人往前走，就认为自己在后退，任由敬畏、屈辱、自卑、恼怒的情绪撕咬内心。心胸窄狭的人，在被嫉妒折磨得难以忍受时，就会丧失理智，在言语上“诅咒”对方，甚至真的做出一些不齿的行为，试图阻挡别人前进的脚步。

许多朋友都看过古装剧《甄嬛传》，剧中的每个女人都有嫉妒心，或是为了情爱，或是为了荣宠和身份。只是，有人懂得适可而止，有人却任其肆意蔓延。

出身卑微的安陵容，内心自卑，爱钻牛角尖。平日做事谨小慎微，却还是因家世清贫吃尽了冷眼，受尽了欺负。在她看来，甄嬛什么都有，良好的出身、娇美的容貌、万千宠爱于一身，而自己饱尝世人冷眼。心胸狭窄的她，每天备受煎熬。终于，内心越烧越旺的嫉妒，让她忘了自己的真性情，丢弃了从前的温婉和善，变成了一肚子邪恶计谋的毒女子。最后，她伤害了所有真心待她的人，也把自己推向了万劫不复的深渊。

回归到现实生活中，依然不乏安陵容这样的人：总喜欢怨天尤人，嫉妒身边比自己条件优越的人，一颗真心从未交付。别人不如自己时，会软言相慰，做一个善解人意的朋友；别人凸显出优秀时，自己就迷了心智，总希望对方走一点

“霉运”。

如果有选择，尽量少和嫉妒心强的人来往，无论你和他的交情有多深，关系有多好，他都很难把你当成朋友。和这样的人深交，很容易被欺负和利用。如果没有选择，就尽量不在嫉妒者面前展示自身的任何优越感，如家庭背景、某方面的才能，否则会让对方觉得你是故意在刺激他。

与嫉妒心强的人保持距离，也不要让嫉妒成为自己心里的刺。若总感慨别人享有的比自己多，若总抱怨世上的许多东西不能拥有，那么痛苦、忧虑、不幸，就成了自作自受。

没有时间观念的人，不值得托付

守时是一种道德修养，
也是一种无形的承诺。

董小姐与一男一女两位同事到海南出差。飞机起飞前1小时，董小姐和男同事就已抵达机场，可直到登机时广播里出现女同事的名字，依然未见她的身影。

10分钟后，女同事款款现身，看上去不慌不忙，脸上也没有一丝歉意，心安理得地接受着众人的“注目礼”。当她在董小姐身边落座时，董小姐说：“我都不敢问你为什么会迟到，实在受不了周围人责备的白眼。”那位女同事是这样跟董小姐解释的：“只要换了登机牌，就不用担心，人不到齐是不可能起飞的！我就是要制造这种姗姗来迟的感觉。”

听了这番话，董小姐当时被气得满脸通红，可碍于面子还是控制住了情绪。同行的男同事，全程一言不发，在他看来这已经不是什么稀奇事了，全公司的人都知道，这位女同事最擅长的事就是迟到。

半年后，董小姐调到海南的分公司，那位同程的男同事升职做了部门主管。晋升后的第一次例会，那位习惯性迟到的女同事又犯了“老毛病”，漫不经心地道出了一个冠冕堂皇的理由。她不知道，那次例会主要讨论的就是精简人员的问题，而她首当其冲。

女同事不服气，非要质问原因，新主管坦白地告诉她和在座的所有人：“迟到不是小事，它折射的是一个人的行事作风，不懂珍惜自己和他人时间，不会在意工作的效率；没有时间观念的人，不值得信任，更难当大任。”

有没有时间观念，能否做到守时，绝非不足挂齿的小事，它反映了一个人在与他人相处时是否择善而行，也反映了一个人的品格和修养。

守时，是对自己为人的承诺，也是对他人尊重的承诺。如

果一个人在面试、上班、开会时迟到，或是经常性地在赴约时不守时，无论他拿出什么样的理由，有什么样的才能，与之合作或交往都应慎重，因为他不够诚实可靠。

如果一个人真的重视某件事、某个人，势必会做出合理的、恰当的时间安排，做好途中出现意外情况的打算，而不是待到迟到以后拿出一堆的借口。轻信这样的人，把重要的任务、真诚的心、宝贵的情感交付给他，可能会让我们承担巨大的风险，付出沉重的代价。

共情他人的时候，明确自己的边界

明确自己的心理边界和行为准则，
不随意干涉别人的生活，也不必背负别人的情绪。

艾玛在过去的二十几年里，一直背负着妈妈的情绪。

从艾玛的口中得知，她的妈妈性格内向，不善言谈，生活节俭，又很倔强；爸爸热情健谈，很爱面子，常和朋友出去吃饭，还出手阔绰地借钱给别人。为此，父母两人经常吵架。

每次和妈妈对话，她都会把近期发生的那些芝麻绿豆的小事跟艾玛念叨一遍，再数落丈夫的种种“恶习”。艾玛总是安慰她，把她的情绪照顾好，但结束对话后，艾玛的心情就会跌入谷底。她责备自己没有能力，无法让父母融洽相处；责备自己赚钱太少，无法让妈妈不再为了钱的问题焦虑。艾玛经常把自己代入到妈妈的情绪里，想到她受委屈的样子，就会落泪。

其实，家里的情况并不像艾玛妈妈说得那么糟糕，艾玛也隐约察觉到了这一点。父母前一天晚上吵得不可开交，可第二天早晨又会讨论家庭琐事，像是什么都没有发生过，唯独艾玛还沉浸在糟糕和痛苦的情绪状态里。

后来，艾玛踏上了自我成长之旅，通过心理咨询深入地探索自己。

在咨询师的帮助下，艾玛意识到了自己产生痛苦情绪的原因——她把自己代入到了妈妈的情绪中，总是忍不住想要去分担她的痛苦。与此同时，艾玛也明白了一个事实：父母之间的问题应当由他们来解决，自己没有责任去背负，也无力承担；妈妈对爸爸的不满，以及她感受到的委屈，都是妈妈的情绪。作为女儿，可以选择倾听和安慰，也可以让妈妈用其他的方式消解，每个人都必须对自己的情绪和行为负责，这是妈妈的人生功课。

像艾玛一样的人并不在少数，他们在人际关系或家庭关系

中最大的困惑来自对他人的情绪反应过分强烈，分不清楚自己的情绪和他人情绪，总觉得自己要对他人的情绪负责，有责任让他人从痛苦中释然。

实际上，这就是边界模糊的问题。每个人都是独立于他人的个体，即便彼此之间的关系很亲密，即便对他人产生了共情，也当明确个人边界——分清哪些是自己的人生功课，哪些是别人的人生功课；把自己的责任留给自己，把他人的责任还给他人。

在人际相处中，要保持个人边界，需要做好以下三件事：

1.分清楚情绪来自谁，不把他人的情绪视为自己的情绪。

2.明确对方的情绪是否和自己有关，按捺立刻作出反应的冲动。

3.每个人都需要为自己的情绪负责，放弃拯救他人的全能自恋。

无论是父母、伴侣还是朋友，当我们对对方的痛苦感同身受，并涌起想要拯救对方的冲动时，先冷静几秒钟，试着提醒自己：这是他的情绪，他要为此负责，我没有责任也没有能力承担他的情绪，我要把属于他的情绪还给他，默默地陪伴他，相信他有能力处理好自己的问题。

记得给自己留一点独处的空间

人只有在学会独处之后，

才能真正明白自己的人生到底想要什么。

在普遍观念中，人们习惯用“孤独”和“孤单”这样的词语来形容一个人独来独往、独自相处的状态。尽管算不上贬义，可或多或少还是有消极的态度在里面。

其实，独处并不同于孤独，它和社交一样，也是一种能力。遗憾的是，很多人没有培养出独处的能力，甚至有更多人正在逐渐丧失独处的能力。置身于互联网时代，许多人看似是在“独处”，实则并没有做到真正意义上的独处，打电话、发消息、玩游戏、看电影……时间并没有完全留给自己，而是贡献给了手机和网络。

还有一些人，不停地投身于社交活动，或者是亲密关系之中，很难一个人待着，也无法安然地度过感情的空窗期。就像电影《美食祈祷和恋爱》中的女主角伊丽莎白，有着一个成功女性该有的一切，事业、物质、爱情，统统不缺。30岁的她表面看起来无比幸福，可实际上，她每天都生活在悲伤、恐惧和迷惘中，一颗心漂浮不定，不知所往。她说：“从15岁起，我不是在恋爱就是在分手，我从来没有为自己活过两个星期——只和自己相处。”

周国平在《灵魂只能独行》中写道：“灵魂永远只能独行，即使两人相爱，他们的灵魂也无法同行。世间最动人的爱，仅是一颗独行的灵魂与另一颗独行的灵魂之间的最深切的呼唤与应答。灵魂的行走只有一个目标，就是寻找上帝。灵魂之所以只能独行，是因为每一个人只有自己寻找，才能找到他的上帝。”

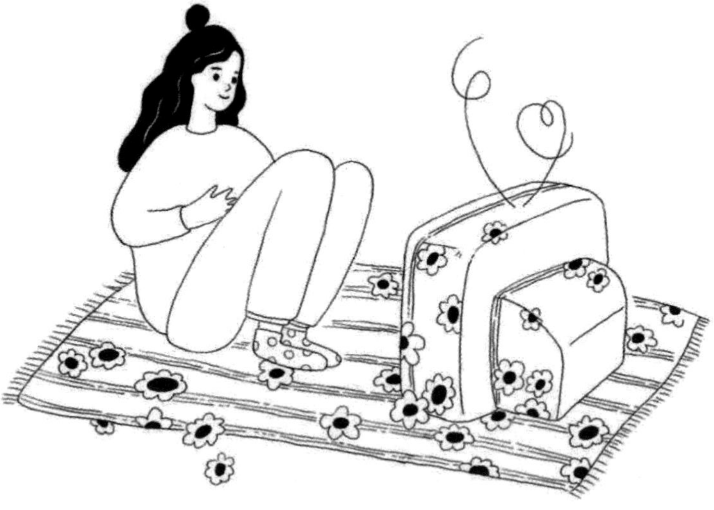

世界纷纷扰扰，只有能和自己好好相处的人，才能真正做

回自己，知道自己的人生真正想要的是什么。一味地沉浸在喧闹中，或是过分依赖于他人的陪伴，就会逐渐迷失自我。

有一位女作家，出版了一本畅销书之后，知名度迅速提升。此后很长一段时间，朋友们都联系不到她。打电话过去总是关机，家里的座机也无人接听。有人说，她是在故意摆架子，也有人说她是有了名利就忘了朋友。终于有一天，她主动给朋友打了电话，接到电话的朋友诧异地问："你去哪儿了？是不是出国了？还是档期太满了？"女作家很神秘地说："我哪儿也没有去，我在家和自己相处。"

独处，是给自己留一点空间，与自己对话，把自己放空。

独处的时候，可以放飞自己的心，什么都可以想，什么都可以不想，捧着一杯香茗，慵懒地翻阅一本好书，写一段关于生活、关于情感的文字。在无声的房间里，关掉手机，远离欲望，感受着一份清静，不需要谁来作伴，不担心谁来打扰。

独处的时候，可以卸下所有的面具、包袱，彻底地放松，让心灵升腾出那份埋藏已久的情感秘密，细细梳理，细细品味，有温馨，有伤怀，有浪漫，有遗憾，品味之后再把它安放到原处，一拿一放之间，快乐便油然而生。

独处的时候，可以放纵自己的思想，自己的情感，放松那根紧绷的心弦，抚平那些刺心的伤痛。可以流泪，可以呜咽，然后自我安慰，擦干眼泪，露出一抹微笑，继续前行。

如果一群人的世界是热情洋溢，两个人的世界温暖浪漫，那么一个人的世界就是悠然自得，当然也可以精彩无限。回忆走过的岁月，你是否真正享受过独处的时光呢？你是否真的把自己当成过贴心的朋友，诉说着潜藏在心灵深处的秘密呢？永远记得给自己留一点独处的空间，放弃独处的机会，就等于放弃了精神的乐园。

PART 6

沟通极简

聚焦有效的沟通，少做无谓的争辩

你拥有绝妙的想法，却无法传播它们，那么你的想法就毫无用处。

—— 李 · 艾柯卡

话说得多，惹麻烦的风险也会加大

话说得太多会带给人浮躁之感，
也很容易因说错话而平添麻烦。

刚入职时，苏晴晴在商务中心做接线员，由于口语出色，很快就被调到了人力资源部做人事专员。升职加薪固然可喜，可高调炫耀并不是理智的做法，无奈苏晴晴却偏偏摆出一副不可一世的样子，举止投足间都透着傲气。

人事专员主要负责招聘等事宜，每次有新人来面试或者办理入职，她必定会在背后指责新人的不足：“亏她还是重点大学毕业的，六级都没过？”“这衣品真让人无语，怎么走进办公楼的？”“就是填个信息而已，问那么多，自己琢磨一下不行吗？”

起初，同事听到这些话，还礼貌性地做出一些解释和回应。可谁都知道，背后这样议论别人不是什么好事，况且学历高低、穿衣品位如何，都是个人的事，多说无益。渐渐地，办公室里就只剩下苏晴晴盛气凌人地标榜自己、贬低别人的声音。

“言多必失”，此话一点不假。有一次，苏晴晴在“评议”新来的秘书时，被上司听到了。上司私下提醒苏晴晴，新来的秘书不是“英语太蹩脚”，她的英语水平足够做同声翻译，只是人家向来低调，不喜欢炫耀。听到这些，苏晴晴顿时就不说话了，只觉得脸上发烫。

“言多必失”，这句话我们都听过。所谓“失”，就是指失误、失控，代价也很明显，说错话的人心里自责，听了错话的人心里不舒服，双方都会感受到那种别扭的氛围，以及因此产生的人际交往压力。说话，应该是给生活增加价值的，不应该是负面情绪和压力的来源。

生活和工作要处理的问题已然不少，与其去评判、贬低别人，处处炫耀自己，不如节省精力去做好自己的分内事。因说错话而备受压力，不如改变一下自身的习惯，多听少说，用极简思维思考一下：我要说的话有没有意义？我说的话会不会给自己和周围人惹上麻烦？如果说出来更有益，那就可以说；若是可说可不说，或弊大于利，还是闭口不言的好。

言简意赅，尊重自己和他人的时间

话说得太多又缺少相匹配的价值，
无异于是在浪费自己和他人的时间。

极简，就是削减烦冗，实现少而精。

这一理念，不仅适用于物品与人际关系，也适用于言语表达。

有一次参加工作坊，中午集体聚餐，大概15人。大家都是初次相见，没有任何交集，只是在课程中有分组活动，有一些简单的了解。中午休息的时间是2小时，可这么多人吃饭，上菜也是需要时间的。借助中间的空档，有伙伴提议，让大家做一番自我介绍。

清楚地记得，在倒数第2位同学开始发言时，菜已经上齐了。这位伙伴40岁左右，从事人力资源管理工作，她先是介绍了自己的姓名、职业，接着又开始讲述她为何要参加这次的工作坊……前面的伙伴做介绍时，大概也是这些内容，所用时间不过1~2分钟。

谁料，这位伙伴似乎越说越兴奋，后来直接谈起了自己未来的职业规划（与工作坊课程相关），她完全忽略了饭菜已经备好，大家还在饿着肚子。此时，多数人的眼神已经从一开始的期待和赞许，变得麻木或分散。直觉告诉我，大家心里多半都在想：说得太多了，饭菜都凉了，下午还要上课……3~5分钟后，这位伙伴总算结束了她冗长而无趣的自我介绍，众人也礼貌地给予了她掌声和鼓励。

轮到最后一位伙伴时，她早已觉察出众人的疲倦感，于是就言简意赅地说了一句："我叫××，我就想说一句话，'开饭！'"说完之后，在座的人都笑了，为她的幽默，也为短小而精悍的发言。这些笑容都是发自内心的，因为大家的需求被看到了，也在瞬间得到了满足。

临场的自我介绍，涵盖着极简表达的艺术。从心理学上讲，每个人都只关注与自己有关的事物，滔滔不绝地去谈论"我"，会让听的人感到厌倦，特别是在互不相熟的环境中，多数人都会觉得——你与我，似乎没什么关系。好的介绍是让别人知道你是谁，你擅长什么，在未来的日子里，可能会跟在座的人产生什么样的交集，在哪方面有共赢的可能。

想做到极简表达，既不耽误沟通双方的时间，又能让自己颇受欢迎，需要掌握一些方法。在此，简单地介绍一些极简表达的实用技巧：

1.事先组织好语言，一句话可以说完的，尽量不要说两句，强调重点和主次。

2.削减烦冗的语言，少用重复的语句，用最简单的话直奔主题，表达自己的看法。

3.简明扼要，说高效的话，说对方在意的内容，才能打动人心。

4.当众讲话避免长篇大论，空洞无物，短小精悍的内容，更令人回味无穷。

5.最重要的决定和思想，要提炼出来做一个总结，放在最前或最后。

6.说话要有条理，最好列出1、2、3……层次清晰，眉目分明。

总而言之，有话简短表达，无话则不讲。

明确沟通目的，借助谈话达成共识

无论是自己的时间，还是他人的时间，都不该被随意浪费。

无论沟通的方式如何变幻，它都必须建立在一个基础之上，即沟通是有效的。然而，现实中很多人在协商问题时，看似是在沟通，实则却是在说无用的话。类似这种没有达成共识，没有得出可供操作的结果的沟通，说得再多、聊得再久，也不过是徒劳。

A对同事B说："能跟我调一下班吗？我家里老人病了，情况很糟糕，明天没法上班。"

同事B回应道："我考虑一下吧！"

这样的沟通是无效的，且很容易闹出误会。

B没有给出明确的回答，A也没有跟B确认。A可能会觉得"我跟B说了，也告知了原因"，所以第二天就没有来上班。同时，B认为自己并没有答应A，也就没有来替班。结果，A可能就会被记旷工。对于这样的结果，A会责备B"不守信用""做人不厚道"，B则认为"我没有答应你""我也没有义务跟你换班"。

原本很简单的问题，怎么会搞得如此复杂？原因就是，没有明确沟通目的！倘若换一种方式，情况就会大不一样：

A："我家里老人病了，明天没法上班。你是后天的班，能跟我调换一下吗？"

B："没问题，你忙家里的事吧。"

A："太谢谢你了，帮了我这么大的忙。"

B：“客气了！明天我到点上班，你后天再来就行了。”

A：“好！我肯定准点到岗。”

无论是自己的时间，还是他人的时间，都不该随意浪费。为了确保沟通的有效性，在沟通之前一定要先明确“沟通目的”，即沟通要解决什么问题。这样做有两个益处，一是让沟通更有效率，二是避免沟通偏离主题。

如果是日常沟通，随意聊聊无妨，可牵涉到工作和商业合作，没有效率的沟通是致命的失误。最简单的例子就是，你花了2～3小时与客户进行了一次长谈，谈话过程中彼此都很开心，最后心满意足地结束了谈话。两天以后，回想起这次谈话，你才恍然意识到：谈了那么久都只是闲聊，对合作项目、自身事业没有丝毫帮助，完全就是无效沟通！

我们要谨记，在处理重要的问题或是进行商务沟通时，一定要有明确的话题，且话题不能过于分散。毕竟，人的时间和精力有限，在一次沟通中多次地变换话题，很容易导致哪一个话题都无法得到深入的讨论，也达不成任何共识。

把关键性信息总结在3条以内

把最重要的事情先说出来，
再进行解释和说明。

公司接手了一个重要项目，陆程是直接负责人。和客户进行了几番讨论后，老板让陆程拟订一份正式的方案，并当面向他汇报。难得和老板有直接对话机会，陆程很想好好表现，于是连夜准备了40多张PPT，可谓是“事无巨细”。

当陆程刚讲到第5页时，老板就有点儿不耐烦了。到了第10页时，老板频频皱眉头，忍不住打断：“不要多讲，直接说重点，三五句即可。”陆程当场就懵了，杵在那里不知所措，她觉得方案中说的都是重点，三五句话很难说清楚。

老板直言：“如果你不能在短时间内讲清楚，说明方案有问题，并且不具有操作性！”

在听演讲的时候，人们通常比较容易记住罗列为1、2、3的表达，一旦信息超过3条，就比较难记住。这就提示我们，叙述任何事情都要用简洁高效的语言，将问题的核心、解决方案以及落地办法等关键性信息传递给对方，最好归纳在3条

以内。

反观陆程的工作方案，她准备了40多张PPT，涵盖大量的信息，讲解时啰啰唆唆，老板根本无法迅速了解重点。每天需要处理大量事务的老板，时间和精力都有限，在面对这样的结果表达时，自然会感到焦躁和不满。

在进行工作汇报、方案解说或表述观点时，最好把时间控制在30秒之内，用简洁高效的语言传递出核心信息。当然，要做到这一点并不容易，需要具备较强的运用逻辑思维高效表达的能力。

在这里提供一个简单有效的方法——结论先行，次序表达，即针对某一问题，先说出你的态度、观点或结论，再摆出1、2、3的假设和事实来支撑你的结论。这样的表达方式，一开口就说出重点，且有理有据，简明清晰。

真实数据比苦口婆心更有说服力

相比抽象的文字，真实数据更适合用在沟通中，它能让人在最短的时间内理解你要表达的内容。

假设要做一则帮助贫困儿童的公益广告，稍作思考你便会发现，用语言来呼吁大家关注贫困儿童，无论怎么说都显得有些苍白，甚至显得有些刻意和做作。听众或观众对你所讲述的事情，完全没有概念，也难以产生共鸣。

倘若在表述中，融入直观的数字，给人的感觉就完全不同了，比如："零下14℃的天气，有5个孩子只穿着秋衣秋裤，有2个孩子连鞋子都没钱买。因为没有交通工具，他们每天要徒步10050米，花费3～4个小时前往学校。他们的午餐是1个馒头、1包咸菜、1杯白开水……像这样的孩子，全国还有×××万……"

在沟通表达时，相较于文字陈述，真实具体的数字可以让对方在脑海里形成清晰的图像，比修辞和逻辑更胜一筹。在对话过程中，巧妙地运用数字，往往只需要简单的几句话，就可以精准地传达信息，实现沟通目的。

在许多成功沟通的案例中，数字都发挥着至关重要的作用。

我国申办2008年北京奥运会时，使用了一系列切实的数据，给投票委员们带来了不小的影响："在4亿年轻人中传播奥林匹克理想""通过了一个12.2亿美元的预算""95%以上的人民支持申办奥运""60万志愿者随时准备投入奥运会""北京的财政收入增长超过20%"，等等。

销售人员在推销某种产品的时候，很少用经久耐用或者卫生安全这样的字眼，而是明确用“实验证明，我们的产品可连续使用5万小时而无质量问题”，或者“我们的产品经过了9道严格工序。此外，在质量监督机构检查之前，我们内部已经进行了5次严格的内部卫生检查”。

这就是数字的力量，这就是铁的事实，比任何苦口婆心的解说都更有说服力。不过，在运用数字时也有一些注意事项，如：确保数据是真实的、准确的；根据实际情况不断更新数据储备；把握好数据的使用频率，不能滥用各种数据，以免令人麻木或产生厌恶感。

话不在多，而在于有没有让对方领会

如果沟通不能确保将观点传递给对方，那就和一场自言自语没有什么分别。

看到朋友沾染上了吸烟的习惯，趁着闲聊之际，张墨抱着好心帮对方指正，说了一通抽烟的坏处，诸如对皮肤不好、影响身体健康、孩子也要被迫吸二手烟……朋友听后，非但不领情，还认为张墨是在指责她，不屑一顾地说：“抽烟怎么了？好多女演员不都抽烟吗？”

这样的情境我们在生活中或多或少都碰到过，也不免会心生疑惑和郁闷：明明是为了对方好，苦口婆心地劝解半天，为什么对方不领情，还一脸嫌恶呢？

沟通没有对与错之分，只有有效与无效之分。有效与无效，不是取决于你说了什么、说了多少、说得多对，而是取决于对方有没有收到你想表达的讯息。

很多时候，你可能说了某些事，也觉得自己说清楚了，但因为对方和你的想法不同、所处位置不同，使得他对于同样的话，与你有不一样的理解。

芭芭拉·明托说：“你期望用言语说服别人为你做什么，那么你首先要确定这样做对对方也有好处，否则对方一定不愿意这样去做。当你试图将某个观念灌输给他人的时候，你也要先确定这个观念能够被对方所接受，否则你所做的一切都只是无用功而已。”

这也提醒了我们，沟通要建立在对等的基础上。这种对等，不是强调身份、阶层、性格、教育背景等，而是指双方在心态和解读上应该是对等的。有效的沟通，一定是双方相互交流、相互妥协的，如果有一方认为自己完全不需要与对方交流，也不必向对方做出任何妥协，那么沟通就没有存在的必要了，直接下达命令就好了。

利用换位思考，轻松化解沟通分歧

改变自以为是的立场，
用他人的视角和思维去观察和分析问题，
可以起到“旁观者清”的作用。

沟通的目的是就某一问题达成共识，但这个过程不总是顺利的。当我们与沟通对象之间存在意见分歧时，最好的办法不是争辩和反驳，或是强迫对方接受自己的意见，而是进行换位思考，这一做法既简单又省力，不仅可以更好地理解对方，也能获得对方的理解。

心理学家艾宾浩斯认为，换位思考是人与人之间的一种心理相互体验的过程，且这种设身处地、将心比心的心理转换，是人与人之间达成理解的时候所不可或缺的心理条件。

人是受直觉控制的，在思考的过程中，立足点总是以自我为中心，这种模式很容易让思考陷入主观臆断中，有意无意地忽略许多客观的东西，进而导致思考产生偏差。换位思考，能够让人从自我这个主体当中脱离出去，进入客观世界，从而发现事物的全貌。

辰飞与客户沟通推广方案的事宜，可客户时不时地提出新想法，这让辰飞感到很烦恼。忍了两次之后，辰飞终于开口表态。

辰飞："您这样做，很容易导致工作延期。"

客户："什么？我自己的方案不能改？"

辰飞："我们是专业的，这请您放心。"

客户："你搞清楚，是我出钱，难道不该我做主吗？"

……

这场争执之所以会发生，是因为沟通的双方都缺少换位思维，没有站在一起共同解决问题。辰飞想解决的问题是：如何说服客户同意放权；客户想解决的问题是：如何说服辰飞同意自己修改方案。双方站在了对立面，解决的问题不一样，自然无法达成共识。

如果辰飞懂得换位思考，用另外一种方式表达自己的想法，局面就不会闹得如此僵硬，解决问题也相对更容易。比如："既然您选择了我们，一定是认可我们的专业能力。合作向来是求共赢，您的目标是以最好的形式推广品牌，我们也是希望如此。您提出意见很正常，我建议您可以把大致的想法都理清楚，统一提出来。如果想到一条就提一条，容易混淆思路，导致方案不完美，这也不是您想看到的，是吧？"

不去强调"我是对的"，而是站在对方的角度思考，让原本双方可能出现的对立关系变成了"共同解决问题"的关

系。这样的沟通，即便双方有分歧也本着共赢的目的，共同解决一个问题，即“如何有效地降低合作风险”。这样一来，对方自然愿意配合。

换位思考，是让人从另一个角度看自己的方式，如果不能脱离自己的视野，就容易被“第一人称视角”所困住，看不到死角，继而掉入“当局者迷”的陷阱。

做不到保守秘密，那就选择不听

远离别人的隐私禁区，
对双方来说都是安全的做法。

古时候，一个国家派使臣到中国，向当时的皇帝进贡了三个一模一样的小金人，还给皇帝出了一道难题：三个小金人中，哪个最有价值？皇帝找来珠宝匠，对三个小金人进行了检查，发现它们的重量、样式、做工完全一样，没什么区别。可是，如果不能回答出使臣的问题，又显得泱泱大国缺少有才能之人。

这时，一个聪明的大臣说，他想到了一个办法。只见，这个大臣胸有成竹地拿出了三根稻草，把其中一根插入第一个小金人的耳朵里，稻草马上从另一个耳朵里钻了出来；他又把另一根稻草插入第二个小金人的耳朵，稻草从小金人的嘴巴里钻了出来；最后，他把第三根稻草插到最后一个小金人的耳朵里，结果稻草掉进了小金人的肚子里。

大臣告诉皇帝："第三个小金人最有价值。"

皇帝和外国使臣就问："为什么这样说呢？"

大臣回答："如果一个人不能耐心听别人讲话，左耳朵进右耳朵出，或者这边听了别人的话，那边就传出去了，这样的人就不是一个有价值的人。"

许多事情，只能"耳入"，不可"口出"。别人的事情，说得越少越好，否则不知道什么时候说到兴头上，就把别人那些不愿意公开的秘密吐露出来了。

当他人的秘密住进你的心里时，要学会在意识中模糊和淡忘。让自己的生活充实一点，忙碌一点，不要刻意去想，当你的注意力不放在它上面时，时间久了，自然就模糊和淡忘了。

不得不说，替别人保守秘密，是一件很辛苦的事。努力压抑自己不说出秘密，有时会导致一种反弹效应，对秘密的顾虑会淹没自己的正常意识。如果心里有这样的压力，可以选择以无害的方式宣泄出来，比如写到纸上，再把纸张销毁；或者对着很小的孩子、宠物等说出来，既能宣泄，又不用担心泄露，以缓解内心的压抑感。

如果实在不想承担保守秘密的压力，也可以选择不听，这是你的权利，也是个人的界限。若有朋友神神秘秘地要告诉你一件事，不妨坦白相告："你最好还是别告诉我了，我害怕听秘密。"放开无谓的纠缠，彼此独立，彼此保护，也不失为一种恰当的相处方式。

PART 7

工作极简

聪明地工作，而不是更辛
苦地工作

若要集中精力于当急的要务，
就得排除次要事务的牵绊，
此时需要有说“不”的勇气。

—— **史蒂芬 · 柯维**

保持整洁：你的办公桌就是你工作的样子

混乱的环境会瓦解人的意志，
使人变得烦躁不安，做事效率低下。

经常听朋友发牢骚说：放假时间久了，找不回工作的状态，不知道怎么解决“节后综合征”的困扰。这是一个仁者见仁智者见智的问题，每个人可能都有自己的解决方式，我个人的应对方式是，从“整理办公桌”开始，逐渐找回工作的状态。

工作和生活一样，都是需要仪式感的。办公桌是仪式感的“主道场”，因为每天至少有8小时，我们要和它在一起。日本作家高岛美里说过：“你的办公桌就是你工作的样子。”为此，无论是结束双休日或小长假，还是要开始一项新的任务，在正式开工之前，我都要给家里，特别是书房和办公桌，进行彻底的打扫和整理。第一眼看上去，书房必须要整洁有序，桌面除了必备的笔记本、显示器、鼠标和美术灯以外，不要有任何杂物。

这项整理工作，宛如是春节前“辞旧迎新”的扫除，预示着某种旧的状态、旧的项目已终结，要以最美好、最干净的状态去迎接新的开始。这样的仪式感，会让我们在内心形成一种自我暗示：一切都准备好了，你可以在干净的环境中，静下心来去做那些该做的事情了。

每一次收拾书房的时候，不可避免地会扔掉一些无用的东西，比如前一个工作项目用到的即时贴、参考资料，在处理它们的那一刻，我的大脑已经形成了这样的信号：我在抛弃旧物，我准备开始新的工作。不要小看这样的一个行为，它能够让我们提前进入一种预备工作的状态，清扫垃圾、处理杂物的过程，也是整理内心与思绪的过程。

可能刚刚重回办公室、坐在工位前的你，脑子里还回荡着假期的各种片段，但在整理办公物品和资料时，思绪就会慢慢地被拉回，沉浸在与工作事宜相关的问题上，甚至会思索接下来要做什么，在心里列出一个计划表。

待彻底整理完毕后，看着焕然一新的办公环境，头脑中也有了清晰的工作逻辑。这个时候，再泡上一杯清茶，打开电脑，进入工作界面，就比较容易聚精会神了。

从环境心理学的角度来说，混乱的环境会瓦解人的意志，使人变得烦躁不安，做事效率低下。美国芝加哥和西北运输公司前董事长罗兰·威廉姆斯说过："那些桌子上老是堆满乱七八糟东西的人会发现，如果把桌子清理一下，留下手边待处理的一些东西，会使工作进行得更顺利，而且不容易出错。这是提高工作效率和办公室生活质量的第一步。"

很多时候，让我们感到疲惫不堪的往往不是工作中的大量劳动，而是因为没有形成良好的工作习惯，从而降低了工作效率，无形中拉长了工作时间。想实现忙而有序，先得告别乱糟糟的办公桌，给自己创造一个清爽的、极简的办公环境。

如何保持办公桌的整洁干净呢？这里有四点建议，可供参考：

建议1：对办公桌上的各类文件进行归类。

建议2：借用笔筒、书立等对物品进行收纳。

建议3：定期筛选，丢掉废弃纸质文件和其他垃圾。

建议4：养成每天下班之前整理办公桌的习惯。

永远保持办公桌上只有必需品，可以最大程度上减少对工作的干扰。人只有在由内而外都舒适的环境下，才能够充满激情和愉悦，从而迅速调整到工作状态。保持办公桌的干净整洁，本质上就是对“断舍离”和“极简主义”的践行。

集中精力：专心致志地做好一件事

如果你想同时坐在两把椅子上，
可能会从椅子中间掉下去，
生活要求你只能选一把椅子坐。

在工作领域，极简的意义就在于，集中所有的时间、精力和技术做好一件事。

蒲松龄在《聊斋志异》里写道："书痴者文必工，艺痴者技必良。"意思是说，对书入迷的人，文章必定精巧；对技艺入迷的人，技能必定高超。任何一个渴望有所成就的人，都必须学会专心，多方下注只会浪费精力，到头来一无所获。

每一个极简主义者，都要有一点工匠精神，而工匠精神的核心就是专注。

专注是一种境界，是把自己的时间、精力和智慧凝聚到所要干的事情上，最大限度地发挥积极性、主动性和创造性去实现目标；受到挫折、诱惑的时候，能够不为所动，勇往直前。

陶艺家露西·里，生于维也纳，活跃于伦敦，一生都专注于一件事，那就是陶艺。

从20岁开始，露西就在维也纳工艺学校学习陶艺，23岁在维也纳成立自己的陶艺工作室，一步步成为顶级陶艺家。直到88岁第一次中风，她才不得不停止工作。她用一生的时间去做陶艺，创作生涯长达68年。

从一个美丽的女孩，到满头华发的老人，照片里呈现出的是岁月的印记，但露西专注和清澈的眼神，却始终未变。她的专注和坚持，甚至已经浸润到了生活中，比如跟朋友聚会，她一次只约见一个朋友。她说，这样才能专注于跟别人谈话。

露西的作品，看似平静如水，但都散发着异常澎湃的感染力。

她的理念透着淡淡的极简风："所有的一切都无须被附加太多，那些陶碗如此，生活也如此。"显然，她拥有的不仅是工匠的手艺，还有一颗心无旁骛的匠心。

人的欲望和涉及面多了，心思和精力就会分散，内心的志向就会被遗忘或衰退，而志向和目标不明确会使自己变得糊涂，自然很难成就事业。那些学有所长的木匠师傅，最初都是从拉大锯开始，一拉就是两三年。看似没什么技术含量的事情，为什么要花费那么久来做？其中一个重要的原因，就是让心平静下来，去掉急功近利的浮躁。

对我们而言，如何才能在工作中秉持极简与专注呢？

从广义上说，要专注于一个领域、一个行业、一门技术。

人的精力毕竟是有限的，穷尽全力往往也很难掘得真金。在有限的生命里，能够专注于一个专业，朝着一个目标做精、做深，比那些多才多艺的人更容易做出成绩。

从狭义上说，要专注一件事，认真不分心。

卡耐基在对100多位在其行业获得杰出成就的成功人士进行分析之后，发现了一个事实：成功人士都具有专注于一件事情的优点，至少在一段时期里要专注于一件事情。

思考最大的敌人就是混乱，把心力分散在太多事情上，会降低效率。所以，不要把精力同时集中在几件事情上，一次只做一件事情，一个时期只设定一个重点。

法国哲学家福柯在写给儿子的信中说道："世界上最大的浪费，就是把宝贵的精力无谓地分散在许多事情上。人的时间、能力和资源都是有限的，不可能面面俱到。"很多时候，我们所谓的累，多半不是身体上的累，而是心累。若能像工匠一样简单、专注、细致，所有的想法都围绕着一个点，不去思考与之无关的任何东西，自然就能收获一份平心静气。

二八法则：把精力用在最重要的地方

把时间用在最具有“生产力”的地方，
把精力用在最具价值的工作任务上。

1897年，意大利经济学家帕累托偶然发现了英国人的财富和收益模式：80%的财富流向了20%的人群，而80%的人却只拥有20%的财富。事实上，这一法则不仅适用于经济领域，它是具有普遍性的，存在于诸多领域，无时无刻不在影响着我们的生活：

- 80%的销售量来自20%的客户。
- 80%的产量来自20%的生产线。
- 80%的病假来自20%的员工。
- 80%的钱花费在20%的商品上。
- 80%的电话是20%的外人打来的。
- 80%的宴会只重复20%的食谱。
- 80%的阅读时间用在20%的报刊上。
- 80%的垃圾只出现在20%的常用区域。
- 80%的外出就餐是在20%的最喜欢的餐厅进行的。

看到这些数据，我们不难意识到：在工作方面，要想提高

效率，摆脱碌碌无为的状态，不能希冀着面面俱到，要践行极简，勇敢地放弃那些不重要的事，把80%的时间投入最重要、最能让自己获得收益的20%的事情上。

王颖性格开朗，勤奋好学。可是刚工作不久，她就觉得自己心力交瘁，疲惫不堪，甚至很多小事也做不好。她经常加班，即便如此，还是经常不能完成既定的计划。备受打击的她，对自己产生了怀疑。

上司见王颖情绪低落，借助空闲的时间与她分享了一些工作心得："有时，你做了挺多的无用功。比如，早上有几份邮件根本就不需要处理，可你不但细致地记录下来，还一一做了详细的回复。今天上午，我交给你的那份报告才是最重要的，你把不重要的事当要事来处理，把重要的事情丢在一边，下班之前不能干完活，肯定就得加班。"

"但是，那些邮件不需要处理吗？"王颖为自己辩解着，她还是想把所有的事情都做好。

"可以处理啊，等你闲下来时再去处理这些事。时间是有限的，你得学会合理地分配。事无巨细，事事都想做好，最后什么也做不好，要找到工作的重心！"

当我们不能很好地掌控时间，不能认真地把握自己的能力时，就会让自己陷入一种"忙不完"的状态中，自然也会让自

己产生“我很没用”的想法。

合理地利用时间，就是对财富的合理利用。在合理的时间内，合理地做好适当的事情，自然就能获得高效。多，并不意味着快和好，更不一定能赢得成功。有时，我们需要做得少一点，精一点。面对多个任务时，学会取舍，以质量代替数量，实现真正的高效。

四象限法则：处理问题要分轻重缓急

把主要精力和时间用在重要但不紧急的工作上，这是未雨绸缪、防患于未然的做法。

对现代人而言，工作事务往往是繁多的，越是如此，越需讲究方法。做事分先后，循序渐进，才能获得高效。如果不讲条理，分不清轻重缓急，不知道哪些事该先做，哪些事可以放一放，就会陷入瞎忙的状态中，眉毛胡子一把抓，把自己弄得相当狼狈。

我们说过，要把有限的精力用在最重要的事情上，那么如何来判定事务的轻重缓急呢？

美国管理学家史蒂芬·柯维在《要事第一》中提出了时间管理的“四象限法则”，这套法则对个人的工作、生活、人生计划都有指导意义，因简单实用而备受欢迎。

四象限法则强调，把工作按照“重要”和“紧急”两个不同的维度进行划分，基本上可以分为四个象限：既重要又紧急、重要但不紧急、紧急但不重要、既不紧急也不重要。我们每天要面对的事情，全部包含在这四个象限中。

第一象限：既重要又紧急的事

这类事情是最重要，且是当务之急要解决的，它可能是你实现事业和目标的关键环节，也可能与你的生活息息相关，比其他任何一件事都值得优先处理。唯有先把这些事合理高效地解决掉，你才有可能顺利地进行其他工作。

第二象限：重要但不紧急的事

这类事情需要自发的主动性、积极性和自律性。处理这类事情的好坏，直接决定着一个人对事业目标和进程的判断能力。生活中，大多数较为重要的事都不是很紧急，如维系关系、健康饮食、读书、运动，这些事情关乎着家庭、健康、个人学识，重要但不紧迫，需要循序渐进地完成。拖着不做，短期内看不出弊端，长此以往却要付出很大的代价。

第三象限：紧急但不重要的事

你刚刚准备看书，电话忽然响起，朋友约你去看电影。你不好意思拒绝，就放下书出去了。回来之后，你觉得很累，看到桌子上的书，已经无心去看了。工作中有很多要事被拖延，就是因为受到了这些紧急但不重要的事务的干扰。

第四象限：既不紧急也不重要的事

从字面意思可以看出，这些事情既不紧急也不重要，那就不值得花费时间去做，如：看电视、玩游戏。如果确实想做，可以限定时间，时间一到立刻停止，不要让自己被这些无聊且不重要的事情缠住。

清单工作法：和混乱拖延说 Bye-Bye

清单可以让注意力集中在所列事项上，
避免漫无目的的思考，摆脱杂念的干扰。

想象一下，当下面的这些事情混在一起浮现在你的脑海里，是什么样的情形？

- 客户打电话来催，得赶紧制作报价单。
- 每周一期的周报，还没有着手做。
- 张先生要的资料，拖了好几天还没寄出！
- 下周还有一次线上会议，发言稿一个字还没写。

· 最近气温骤降，要收拾换季的衣物了。

· 新来的家庭成员——小猫“咪咪”，要打防疫针了。

· 电表已经闪灯了，绝不能再拖了，断电太麻烦。

……

这个必须做，那个也得做，脑袋都要被塞爆了，焦虑和闹心的指数逐渐递增，却不知道该从何下手。怎样才能终结这种混乱无序的状态，让头脑变得清晰富有条理呢?

有一个简单高效的解决策略，我想推荐给你——清单工作法。

生活就像是由万千事物缠绕起来的麻线团，不列出清单，很容易变成“一团糟”；而有了清单，就好比在麻线团中找到了一根线头，让混乱无序变得井井有条。

谷歌前副总裁桑德伯格曾这样描述清单给自己带来的益处：

“别人需要1小时的会议，我要求自己在10分钟之内结束，而我总能做到。我的方法就是制订一份会议清单，在上面写出本次会议必须讨论的要点和重要的决策，然后和下属逐一讨论。每结束一个要点，我就将它划掉。如此一来，会议短而有效。”

仅凭借几百字的会议清单，桑德伯格就为自己赢得了决策效率。虽然管理着数百名的员工，应付着来自全球各地的烦琐事务，可她仍然实现了每天不到6点就可以下班的自由。

当一堆事务胡乱地充斥在头脑中时，不仅会降低思考速度，也会增加心理压力。当你把待办事项合理地列在清单上时，第一感觉会是轻松，因为所有悬而未决以及需要解决的事情，都不再占用你的大脑，而是被存储到了思考的第二阵地，即“收集系统”。这里不生产内容，只负责搜集和归纳内容。然后，它把内容整理出一个逻辑，指导并管理你的行动。

有了工作清单，处理事务会更有条理，同时也能减少焦虑，获得更多的掌控感，这是非常重要的精神体验。在使用清单时，有一些问题需要特别注意：

1.避免事项混杂，列清单要融合“四象限法则”，分轻重缓急。

2.避免清单列表太长，要适当缩减既定任务。根据自己的工作时间、任务难度合理安排清单事项，不能简单地规定“每天必须完成5件事”，要通过实践找到适合自己的节奏。

3.制作清单要注重实用性，无须在形式上浪费时间、分散注意力。

4.制订清单时，不能只标记任务名称，还要有执行任务的具体方案和程序。

掌握清单工作法，把要做的事项明明白白地跃然纸上，然后逐一去完成，不仅能帮助我们高效、有条理地完成工作，还可以增添完成任务的成就感。

番茄工作法：用25分钟拯救你的致命低效

定好 25 分钟的番茄闹钟，
而后全然专注于手头上的任务。

对大部分职场人来说，在工作和休息之间找到平衡点至关重要，这样既能够最大效率地完成任务，又可以避免过度疲劳。问题是，很多人并不知道该如何找到这个平衡点。

在此，我想推荐弗朗西斯科·西里洛创立的一个时间管理工具——番茄工作法。

番茄工作法简单易行：选择一个待完成的任务，将番茄时间设置为25分钟，专注工作，中途不允许做除了工作以外的其他任何事情，直到时钟响起，然后在纸上画一个★表示休息5分钟，如此轮回4次可以多休息一会儿。如果中途不得已被打断，则需要重新开始计时。

番茄工作法之所以能发挥出“神奇的魔力”，与人体的运行机制有关。

当我们开始做一件事情的时候，注意力呈曲线状，等过了最集中的那个点，注意力就很容易被外在因素分散，此时就需要片刻的中断，然后开启一段新的努力，第25分钟就是那个最合适的时间点。

使用番茄工作法，可以有效提升注意力，实现劳逸结合；减轻焦虑的情绪，强化可以完成任务的信心。与此同时，它还可以改善任务流程，减少干扰因素。这得益于番茄工作法的一项机制：当任务不得已被打断时，终止计时，重新开始一段番茄时间。25分钟本就是一个不算长的时间，多数人都是愿意屏蔽周围一切专心致力于工作的。

需要说明的是，番茄工作法中提到的时间长度设置并非固定不变的，25分钟只是一个建议时间，每个人都可以根据自己的工作习惯和体能状况调整。另外，计量时间的工具也不一定非要用专门的“番茄钟”，可以用普通的时钟、手表或沙漏，但不推荐用手机。原因大家都清楚，手机很容易分散注意力，成为干扰因素。

即刻处理：囤积不仅限于物品，也包括事件

极简提倡不囤积，
这种囤积不仅限于物品，也包括事件。

你可能也有过这样的经历：原本今天有一件事情要处理，可能是因为不想动，或是出于其他原因，把它搁置到了第二天，想着“明天”一定把它搞定。无奈，计划赶不上变化，预想中的“明天”又碰到了一些意外状况，只好把那件事继续往后拖。

在拖延的过程中，我们要解决的不仅仅是一件被搁置的事，还有当下和即将要发生的一些事，它们都会成为“待处理事件”。很显然，这就变成了一种囤积。

面对囤积的事件，就跟面对囤积的杂物一样，会让人心生焦躁和厌烦，同时也像那些无用的缓存占掉电脑空间，拖慢大脑的进程，既消耗了心力，也降低了效率。

有人针对拖延问题进行过调查，结果显示：大概70%的大学生存在不同程度的拖延行为，其中有超过50%的人自称拖延行为已经习惯化；有25%的成年人有着慢性拖延问题。在这

些调查对象中，有95%的人希望有办法能够减轻他们的拖延恶习。

拖延存在于生活中每一处，存在于各类人身上，与年龄、身份、地位毫无关系。拖延本身没什么可怕的，怕的是拖延过后产生的负罪感、焦灼感，无论谁沾染了拖延，都会饱受焦虑、愧疚、烦躁、不安等情绪的折磨，消磨心智，让人倍感煎熬。

美国学者艾伦·贝克在1985年曾经提出，感觉与思维之间有着密切的关系："当我们情绪低落时，我们的思维和回忆总是向坏的方向发展，结果导致情绪更加阴暗。思想变坏之后，情绪又跟着变坏，从而进入一个越来越抑郁的下降螺旋。"

之所以强调不拖延，就是希望我们的内心保持一种不慌不忙的节奏，按部就班地去做那些想做的事，而不是将其一件一件地囤积搁置在心里，慢慢发酵成消极的情绪，要么拼命地与时间赛跑，要么带着未完成的心愿度过此生，这都不是我们想要的结果。

有些人喜欢拖延是因为担心自己的计划不够全面，或者自己的能力尚未达到合格的标准。然而，要知道世上没有任何一个计划是绝对完美的，事物发展是一个动态的过程，随着实际情况不断调整自己的计划也是很正常的。如果你总想着积淀却不进行实践，那么你永远不会知道自己的真实水平是怎样的，只有去行动，才能不断完善。

如果你想写一本书，别把这个心愿搁置起来。你不必先去日夜翻书三百章，也不必等到自己读完所有中外名著，书籍的海洋浩瀚无边，不如立刻拿起笔先写再说，在书写的过程中你的不足、纠结都会暴露出来，才能日益完善。极少有文学大家是第一本书就名垂青史的，他们大多要经过很多本书的铺垫，才能取得大的成就。

想做一件事情，即刻就去做，不要等到激情退去，不要等到灵感消逝，不要等到时间溜走。如果总是以尚未准备好做借口，或者单纯地因为懒惰而拖延，直至那些特别的心情沉淀到岁月里，经受时光的打磨，碎为砂砾、破成幻影，未免太过遗憾。

善待时间：走出时间利用的误区

生活是属于你的，时间也是属于你的，
你有权决定如何去运用它。

我们都渴望告别忙乱，有时间休闲娱乐、陪伴家人、看看世界。然而，现实中的情形却是经常沉浸在忙碌中，日程表始终是满的，似乎有无穷无尽等待完成的项目，根本没有时间做自己想做的事，甚至无暇看一眼生活中那些美好的瞬间。

我们不禁发问：这到底是为什么？德国著名的时间管理学家洛塔尔·赛韦特教授在《极简时间》里，指出了问题的答案："因为我们陷入了时间利用的误区。"

按照正常的理解，一天工作8小时，每小时60分钟，算下来一天就算不工作480分钟，380分钟应该是不难保证的。然而，这样算到底对不对呢？现实中的1小时，究竟"有没有"60分钟呢？坦白说，没有。因为我们利用到的，往往只是重要的几分钟、十几分钟而已。

现在，我们不妨通过一个实验测试一下：一天中究竟有几个小时是有效的？

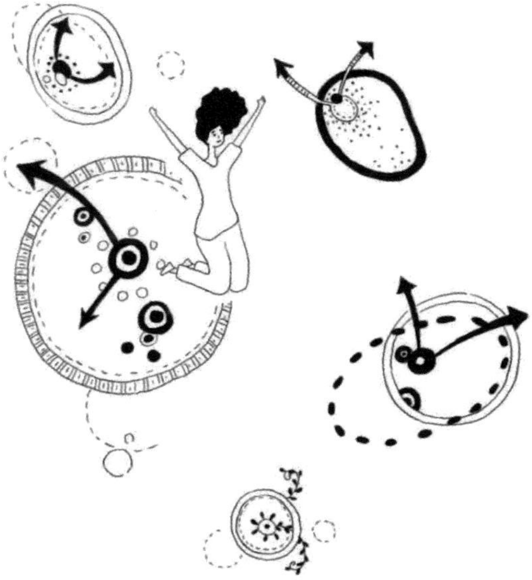

找一个笔记本，把一天分成三个8小时的区域，再把每小时画成60分钟的小格。在一周的时间里，我们可以随时把自己所做的事情记录在表格里，连续做完一周，回头再来看，就会发现自己浪费了多少宝贵的时间。

时间是世上最公平的东西，它赋予每个人的分秒都是一样的，关键在于谁会利用。一个人会不会利用时间，不是看他做了多少形式上的努力，而是有没有能力让每一分、每一秒都产生最大的效益，在同样的时间内高质高量地完成要做的事。

我们无法跑赢时间，就像无法放大固定容量的房间，但我们可以有效地利用它们。想要真正成为时间的主人，走出时间利用的误区，我们需要做好以下几件事：

1.精打细算每一分钟

把时间精算到每一分钟，有利于充分安排和使用时间，短期内可能看不出什么效果，但长期积累，差距就会突显出来。

2.限制办事的时间

办事的时候，最好限制一下时间。以约谈为例，事先说明自己有多少时间可支配，有了这个限制，大家就会认真交谈、直奔主题，避免了无谓的闲谈，提高沟通效率；再如打电话与人协商事宜，不妨请对方在指定的时间内答复，以免浪费时间。

3.用合作节约时间

如果一件事情可以分成几个部分，与人合作完成，不妨为自己节省一部分精力。

当你把时间当作生命馈赠给自己的礼物，善待且善用，它会让你拥有更多美好的体验。

关注整体大局：不要被细枝末节缠身

先确保完成，再强调精益求精，

罔顾整体而只关注细节，则会导致拖延。

细节决定成败，这句话有一定的道理，但它并不意味着，任何时刻都该把细节放在第一位。极简的要领，是专注于最主要、最重要、最有价值的部分，细节要在全局确定的基础上再去强调和完善，倘若忽略整体而注重细节，不仅效率低下，甚至还可能做无功用。

假设你正在进行一个活动策划，当策划的方案、主题尚未确定时，你却惦记着如何布置场景，该采购什么小礼品……虽然这些事情都是日后必须要做的，可就现在而言，这些功夫就是白费的。没有主题，如何确定风格？没有风格和定位，如何知道购买什么样的装饰品？

太过注重细节，很容易耽搁重要的事宜。有些无关紧要的小事，做不做两可，早做晚做皆可，没必要为其花费和重要事宜相同的时间。时间是一种宝贵的财富，在不必要的细节上浪费宝贵的时间，就好像花重金买了一个没有用的廉价物品。

太注重细节，还会给自己造成一定的压力和精神负担。比如，有些事情明明已经做得很好了，但是你还要让它非常完美。在追求完美的过程中，你会在潜意识里觉得“我很没用”“我不行”“这么简单的事情都做不好”等。自卑如泉涌般喷来，慢慢地，你的自信在时间消磨中逐渐丧失。

远行之前，总会有人告诉我们，不要带那么多东西，轻装上阵会让自己的旅途更加愉快。当你意识到自己被细枝末节缠身的时候，一定要提醒自己：放过无关紧要的小细节，多关注整体和大局，如此才不至于被“拖后腿”。

化繁为简：未来属于简单思考的人

成熟而聪明的头脑，总是懂得化繁为简，
抓住主要矛盾、去除枝叶，把复杂的事情变简洁。

一个热气球上，载着三位关系着人类命运的科学家：第一位是粮食专家，他能在不毛之地甚至在外星球上，运用专业知识成功地种植粮食作物，使人类彻底摆脱饥荒；第二位是医学专家，他的研究可拯救无数人，使人类彻底摆脱诸如癌症、艾滋病之类绝症的困扰；第三位是核物理学家，他有能力防止全球性的核战争，使地球免于遭受毁灭的绝境。

由于载重量太大，热气球即将坠毁，必须丢出去一个人以减轻重量，使其余的两人得以存活。请问，该丢出去哪一位科学家？

这是一家杂志社曾经举办过的一项有奖征答活动，高额的奖金吸引了大批的参与者。征答活动开始后，社会各界人士广泛参与，一度引起了某电视台的关注。在收到的应答信中，每个人都绞尽脑汁，发挥自己丰富的想象力，阐述他们认为必须将某位科学家丢出去的原因。那些给出高深莫测的妙论者，并没有得到奖金，最终的获奖者是一个14岁的男孩。

他给出的答案是——把最胖的那位科学家丢出去！

长期以来，我们接受的普通教育和大多数训练都指导我们把握每一个可变因素，找出每一种应对方案，分析问题的角度应尽可能多样化。久而久之，我们就养成了一种思维定式：最复杂的就是最好的。实际上，很多事情没那么复杂，是我们把它们想得太复杂了，与其绞尽脑汁地思考复杂的解决策略，不如尝试将问题化繁为简。

美国通用电气前CEO杰克·韦尔奇说过：“你简直无法想象让人们变得简单是一件多么困难的事，他们恐惧简单，唯恐一旦自己变得简单就会被人说成是头脑简单。而现实生活中，事实正相反，那些思路清楚、做事高效的人正是最懂得简单的人。”

美国太空总署发现，在太空失重的状态下，航天员无法用墨水笔写字。于是，他们花了大量经费，研究出了一种可以在失重状态下写字的太空笔。对于这个问题，俄罗斯人的解决办法就简单多了，他们选择用铅笔。

看，这就是化繁为简，多么简单的办法，却又多么行之有效。我们总是习惯性地把问题复杂化，以为事情总在朝着复杂的方向发展。殊不知，复杂会造成浪费，而效能则来自简单。

我们做过的事情中，可能有很大一部分都是没有意义的，真正有效的活动只是其中的一小部分，而它们通常隐含于繁杂的事物中。所以，在做事的时候，我们要注意从简单的地方入手，找到关键部分，去掉多余的活动，利用简单的手段解决复杂的问题。

美国西屋电气公司前董事长兼总经理唐纳德在《提高生产率》一书中，提出了提高效率的“三原则”，即为了提高效率，每做一件事情时，应该先问三个“能不能”：

1.能不能取消它？

2.能不能把它与别的事情合并起来做？

3.能不能用更简便的方法来取代它？

心无旁骛：摒弃一切干扰与杂念

当你准备开始去做属于自己的一件事时，
请全身心地投入其中。

日本大阪有一位83岁的“煮饭仙人”，五十多年就专心煮好白米饭，专心致志、心无旁骛，结果名扬四方。极简主义，要的就是这样的精神。倘若什么都不愿舍弃，是很难专注于一件事情，在某个领域里出类拔萃、独树一帜的。

少年时期的爱因斯坦在瑞士生活，由于经济拮据，他对物质的要求并不高，一份意大利面就能让他很满足。为了躲避纳粹的迫害，他移民到了美国。当爱因斯坦到普林斯顿的高等科学研究所工作时，当局给他开出了很高的薪水，年薪大概有1.6万美元。

谁也没想到，在这样的高薪面前，爱因斯坦却说：“这么多钱？能否少给我一点，3000美元就够了！”周围的人大惑不解。爱因斯坦解释说：“依我看，每份多余的财产都是人生的羁绊，唯有简单的生活，才能给我创造的原动力。”

他舍弃了高薪，远离了对物欲和时尚的追求，有了更多的时间和精力，全身心地投入事业中，并取得巨大的成功。他在物理学上的成就，几乎影响了20世纪科学技术的发展。

强大的力量分散在诸多方面，会变得毫不起眼；微弱的能量集中在一起，却能创造意想不到的奇迹。世界上所有令人瞩目的成就，都离不开心无旁骛的专注。

陈麦是一家合资企业的经理助理，每天上班都提前1小时到公司，把任务清单上的工作内容看一遍，清楚当天的工作内容，提前把需要的文件打印好。当别人踩着上班点走进公司时，她已经把一切准备就绪，专注地开始了一整天的工作。

她的电脑桌面，除了一系列办公系统，没有游戏、购物网站的界面，就连私人电话都很少接听。她说：“我不喜欢在工作时被其他事情干扰，这会打断我的思路，影响工作的状态。”正因为此，她做事的效率很高。

在某一时段内，如果一个人围着一件事转，最后全世界可能都会围着他转；如果一个人围着全世界转，那么最后他有可能会被全世界所抛弃。浅尝辄止、见异思迁，除了让人错失成功的果实，还徒增了身心的负累。

莫法特休息法：绩效倍增、工作不累的秘诀

在不同的工作间进行切换，看起来像是更加劳累，实际上却能够让大脑得到放松，达到休息的目的。

许多人对休息这件事存在误解，总觉得休息和工作是对立的关系，选择休息就要彻底放下工作。然而，你可能也有过这样的体验：周末想好好休息，索性就在床上躺一天，不是蒙头睡觉，就是刷手机，可起来后依然感觉疲惫……为什么会这样呢？

多数时候，疲惫都是厌倦的结果。就工作而言，当我们长

期持续从事同一项事务，就会使大脑活动能力降低，精力涣散。要消除这种疲劳，不一定非要停止工作，适当地改变工作内容，就会产生新的兴奋点，而原来的兴奋点会受到抑制，让脑力和体力得到调剂与放松。

英文《圣经新约》的翻译者詹姆斯·莫法特，每天的工作量是巨大的。据他的一位朋友讲，他的书房里有三张桌子：一张摆放着他正在翻译的《圣经》译稿；一张摆放的是他的一篇论文的原稿；还有一张桌子摆放着他正在写的一篇侦探小说。然而，莫法特却从未觉得精力不够，或是疲惫憔悴，因为他就是靠从一张书桌挪到另一张书桌来休息的。

哲学家卢梭曾说，他只要工作时间稍长一点，就会觉得身心俱疲，且只要超过半小时专注地处理一个问题，就会感到累。为解决这个问题，他让自己不断地处理不同的问题，累了就换一个问题继续思考，大脑始终保持着轻松愉快的状态，而他的研究工作也没有间断。

为了防止工作中出现的疲劳感降低工作效率，我们也可以效仿莫法特的做法，经常地变换工作方式、工作地点，或是几种工作互相交叉同时进行，让大脑一直处在新鲜的信息刺激下。概括来说，“莫法特休息法”包含以下五种类型的“工作—休息”模式：

1.抽象与形象交替

研究理论问题可以与学习形象的、具体的问题交替进行，比如，在研究哲学、美学、历史、心理等问题感到疲惫时，不妨去读读小说、散文，或欣赏图片，让大脑的左半球得到休息，充分利用大脑的右半球。之后，再去研究理论问题，会感觉精力得到了恢复。

2.转换问题的切入点

面对同一个研究对象，切入点不同，大脑的兴奋点也不一样，这也可以达到休息和提高效率的目的。比如，读一部理论专著，从前往后读觉得很枯燥，不想继续。这时，可以选择去读自己喜欢的章节，让自己在兴趣的调动下集中精力。

3.体力与脑力交替

这种方式很常见，就是进行一段时间的脑力劳动，感觉疲惫时，放下工作去做一些运动，如慢跑、跳绳、游泳等，酣畅淋漓地运动后，通常会感觉精神焕发。

4.动与静交替

长时间用一个姿势学习、写作或阅读，很容易感到疲劳，适当地改变一下姿势或变换地点，都可以兴奋神经，消除疲倦。

5.工作与休闲交替

工作是必需的，娱乐也不可少，和谐的生活需要有张有弛，方能长久。突击式的工作只适合一时，时间久了，必然会引发危害。

在紧张工作的间隙，可以看看电影、听听音乐、爬爬山，体会一下休闲生活的乐趣，这不是浪费时间，而是愉悦身心的选择，可以有效地提高创造力，甚至获得某些灵感的启示。